Frank Holzer
Hochsensibel
Vom Fluch zum Segen

AF282616

Frank Holzer

Hochsensibel
Vom Fluch zum Segen

Erfahrungen

Impressum

Coverdesign: Perry Payne
Bilder: Pixabay
Lektorat & Korrektorat & Satz: Sigrid Wohlgemuth

Verantwortlich für den Inhalt des Textes ist der Autor Frank Holzer.

Herstellung und Verlag: BoD – Books on Demand, Norderstedt

ISBN 9783757821579
Alle Rechte liegen beim Autor Frank Holzer.

Copyright © Frank Holzer Erstauflage 9. Oktober 2023

Die Deutsche Nationalbibliothek verzeichnet diese Publikation in der Deutschen Nationalbibliografie; detaillierte bibliografische Daten sind im Internet über http://dnb.dnb.de abrufbar.

Hochsensibel
Vom Fluch zum Segen

Hochsensibel
Vom Fluch zum Segen

Inhalt

Widmung

Dieses Erfahrungsbuch widme ich allen hochsensiblen Menschen, in der Hoffnung, ihr könnt eure Gabe akzeptieren und damit leben.

Vorwort

Seit einiger Zeit denke ich schon darüber nach, dieses Buch zu schreiben. Und im Grunde habe ich ein gutes Gefühl dabei. Doch meine Unsicherheit hat mich bis jetzt davon abgehalten.

Aber ist es sinnvoll, sich wirklich von einem unsicheren Gefühl abhalten zu lassen?

Ich finde nicht.

Warum bin ich denn überhaupt unsicher?

Die Antwort ist einfach, denn was wird dabei herauskommen, wenn ich dieses Buch schreibe und dazu kommt die Angst zu scheitern.

Aber kann ich das wirklich wissen?

Wenn ich es nicht versuche, sicher nicht, oder?

Also was hält mich dann davon ab?

Ich wiederhole mich, doch es ist die Angst zu scheitern!

Wichtig ist, einen Entschluss zu treffen.

Ich habe ihn getroffen. Auch wenn die Furcht besteht. Doch ich werde dieses Buch schreiben, und zwar jetzt und es nicht noch länger vor mich hinschieben.

Was kann mir Schlimmeres passieren als zu scheitern?

Nichts.

Obwohl ich dann weiß, dass niemand Interesse an meinem Buch zeigt, egal wie super ich es selbst finde. Das Gute wird dann sein, dass ich nicht mehr darüber nachzudenken brauche, ob es etwas geworden wäre oder nicht. Denn ich wage den Schritt, meinem positiven Gefühl zu vertrauen, dieses Buch zu schreiben.

Das Thema dieses Erfahrungsbuches
Einfühlungsvermögen

Ich weiß, zu dem Thema existieren unzählige Bücher, Videos und Artikel. Mit ein Grund, warum mich meine Idee verunsichert. Wiederholt habe ich mich gefragt, warum sollte ich überhaupt darüber schreiben?

Ich schreibe die Zeilen aus meiner eigenen Erfahrung heraus und sicher kann ich damit anderen Menschen helfen. Denk du bitte mal darüber nach.

In welchem Bereich hast du Erfahrungen gesammelt, die anderen Menschen helfen könnten?

Warum verfasst du darüber kein Buch?

Sicher aus der gleichen Unsicherheit heraus, wie ich sie hatte.

Warum hatte?

Weil ich mich der Herausforderung gestellt habe und dadurch sicher wurde.

Liebe Leserin, lieber Leser, genau dieses Gefühl hat mit Sensibilität zu tun. Jetzt fragst du dich sicher, das Buch hat ja den Titel Einfühlungsvermögen und nicht Sensibilität. Gute Auffassung, aber beides gehört zusammen.

Wer ein hohes Einfühlungsvermögen hat, ist auch hochsensibel und das ist ein Fakt. Jetzt kommt mein Glaube dazu: Jeder Mensch ist hochsensibel und mit einem hohen Einfühlungsvermögen auf die Welt gekommen.

Es gibt Menschen, die das Gefühl blockiert haben und Menschen, die etwas davon behalten haben, das sind die Sensiblen. Dann gibt es Menschen, die das Gefühl vollständig behalten haben, diese zählen zu den Hochsensiblen.

Auf der gesamten Welt sind ungefähr 10 – 15 % der Menschen hochsensibel. Meiner Meinung nach gibt es mehr hochsensible Personen als die angegebene Prozentzahl. Denn viele Menschen sind sich ihrer Hochsensibilität oft nicht bewusst. Leider ist die Hochsensibilität mit zu vielen negativen Glaubenssätzen belastet und die wenigsten Menschen haben gelernt, damit umzugehen.

Ich möchte dir das Gefühl näherbringen. Vielleicht findest du es durch meine Erfahrungen wie-

der. Und du lernst mit deiner Hochsensibilität zu leben.

Nun fange ich mit dem ersten Kapitel an.

Viel Freude für dich auf dem Weg des Wiederfin-
dens, des Verstehens und des Annehmens, deines
Gefühls.

Frank Holzer

Hochsensibilität

Da Einfühlungsvermögen zum Thema Hochsensibilität gehört, fange ich damit an, was die Hochsensibilität umfasst.

Hochsensibilität im Allgemeinen

Was macht einen hochsensiblen Menschen aus?

Ich schreibe in erster Linie von mir selbst, erwähne, jedoch auch Punkte, die eine andere Person haben könnte.

Ich bin ziemlich Lärmempfindlich. Mich nerven extrem schnell laute Geräusche. Ist bei mir sicher auch dadurch besonders ausgeprägt, da ich kurzsichtig bin.

Viele Hochsensible verfügen über einen erhöhten Geruchs- und Geschmackssinn. Was natürlich bei gutem Geruch und Geschmack super ist. Hingegen bei schlechten Gerüchen oder wenn etwas nicht schmeckt, wird ihnen schnell übel. Das kann so weit gehen, dass sie den Raum oder die Umgebung verlassen.

Was gerne vorkommt, ist die Verträumtheit, also eine ausgeprägte Fantasie. Eigentlich ist das positiv. Leider wurde das bei mir nicht so gesehen.

Realistische Träumerei mögen Menschen, aber Kinder, neigen zur Träumerei, die nicht als realistisch angesehen wird. So verhielt es sich bei mir, als ich Kind war.

Aber sollte als Elternteil in dem Fall wirklich seinem Kind immer das Gefühl gegeben werden, dass etwas unrealistisch ist?

Ich finde nicht, denn was realistisch und unrealistisch ist, hat mit unserem Glauben zu tun. Wird ständig gezeigt, dass, was wir denken, nicht umsetzbar ist, dann werden wir es auch nie umsetzen. Würde man uns hingegen das nötige Selbstvertrauen mit auf den Weg geben, könnten Dinge umgesetzt werden, von denen nie einer geglaubt hätte, dass es möglich wäre.

Ich bin davon überzeugt, dass Maler, Musiker, Schriftsteller und Erfinder alle hochsensibel waren und sind. Bei den meisten Künstlern ist kein Unterschied zu erkennen. Sie ließen und lassen sich ihre Träume nicht nehmen.

Zur Hochsensibilität gehört eine besonders hohe Intuition. Als hätten diese Person eine andere Verbindung zum Leben und empfängt Signale. Also müssen die ganzen Seher, Heiler und so weiter auch hochsensibel sein. Wenn ich mir die Esoterikszene anschaue, behauptet dort jeder es zu sein. Jede Person, die in dieser Richtung arbeitet, braucht ein hohes Einfühlungsvermögen und eine ausgeprägte Intuition.

Leider nehmen hochsensible Menschen oft alles viel zu persönlich, also interpretieren in viele Angelegenheiten etwas hinein, was gar nicht immer ganz stimmen muss. Zum Beispiel beim Job oder in einer Liebesbeziehung kommt es schnell vor, dass Angst verspürt wird, verlassen oder gekündigt zu werden. Was aber meistens gar nicht stimmt. Sicher gibt es da Fälle, bei denen es zutrifft, aber in den meisten eben nicht.

Es kann passieren, dass, wenn ein Hochsensibler eine Kritik bekommt, Ängste zeigen, dass ihm gekündigt oder er von seinem Partner, der Partnerin verlassen wird. Das hat damit zu tun, dass Hochsensible intensiver fühlen, also negative Emotionen bedauerlicherweise stark empfinden. Dadurch kann passieren, dass sie in die emotionale Tiefe gerissen werden. Erkennbar mehr als weniger sensible Menschen. Somit wird jede negative Emotion mit einem Weltuntergang gleichgesetzt. Dafür wirkt jede positive Emotion beflügelnd. Da befinden sich die Personen auf Wolke 7.

Leider kann es auch passieren, dass, wenn ein Hochsensibler besonders müde ist, die Emotionen ziemlich im Keller sind. Ausgeschlafen ist die Person dafür, wenn alles in Ordnung ist, gut gelaunt.

Dabei spielt die Reizüberflutung eine Rolle. Hochsensible nehmen einfach viel zu viel wahr. Also ist die Person nicht top fit, kann das schnell überfordern. Ich rate immer genügend zu schlafen und ausgeruht zu sein.

Meine Meinung ist, dass hochsensible/sensible Menschen ein intensiveres Leben führen als Menschen, die nicht so sensibel sind.

In meinem Buch liegt der Schwerpunkt auf dem Einfühlungsvermögen, das kann meiner Meinung nach der größte Fluch sein, daher möchte ich helfen.

Den Fluch zum Segen zu wandeln.

Hochsensibilität vom Kind zum Erwachsenen

Ich wiederhole mich, doch dies ist bewusst, denn es kann nicht oft genug gelesen werden, um es zu verinnerlichen. Meiner Meinung nach kommt jeder Mensch als hochsensibler Mensch auf die Welt. In unserer Welt haben jedoch Hochsensible nicht viel Platz. Sie sind zu weinerlich, nehmen vieles zu ernst und fühlen zu stark mit. Daher wird einem von klein auf erklärt, man soll doch nicht so sensibel sein.

Der bekannteste Spruch ist: Große Jungen weinen nicht.

Schnell wird als Heranwachsender gelernt seine Gefühle für sich zu behalten. Die Traurigkeit zu unterdrücken.

Ist das richtig?

Sollen Gefühle wirklich unterdrückt werden?

Sollen Eltern das ihrem Kind so beibringen?

Thema: weinen.

Viele Menschen können nicht damit umgehen, wenn jemand weint, obwohl geholfen werden möchte. In dem Fall ist es gut, sein Gegenüber in den Arm zu nehmen, für die Person da zu sein.

Dadurch vergeht der Gefühlszustand am schnellsten.

Jetzt kommen wir zum Hauptthema dieses Buches, dem Einfühlungsvermögen.

Unsere hochsensiblen Kinder verfügen über ein besonders hohes Einfühlungsvermögen, dadurch fühlen sie eins zu eins, was andere Menschen fühlen. Mag ein Elternteil sich selbst nicht, dann fühlt und meint das Kind sofort, dass es nicht gemocht wird. Das Kind kann noch nicht unterscheiden, welche Gefühle von ihm selbst kommen und welche zu den Eltern gehören.

Woher soll es das Kind auch wissen, wenn wir als Erwachsene es selbst nicht unterscheiden können?

In dieser Situation ist es wichtig, dem Kind zu sagen, dass es geliebt wird.

Leider verhält es sich so, dass die meisten Menschen nichts sagen.

Liebe Eltern, wenn ihr selbst hochsensibel seid, könnt ihr davon ausgehen, dass es euer Kind auch ist. Ich weiß, der Satz passt nicht zur ersten Aussage, dass jeder von Geburt an hochsensibel ist.

Ich denke, dass nur Menschen, die hochsensibel sind, zu diesem Buch greifen. Warum sollte jemand dieses Buch lesen wollen, wenn er/sie es nicht ist? Oder nicht so fühlt?

In letzter Zeit komme ich oft darauf, dass Menschen gesagt bekommen, sie seien hochsensibel, können jedoch selbst nicht behaupten, dass sie es sind. Das Erkennen ist das Wichtigste an dem Ganzen.

Für Eltern ist es wichtig, die Hochsensibilität bei ihrem Kind zu erkennen und ihm dabei zu helfen, damit umzugehen, zu leben. Auch dann, wenn jemand selbst nicht von den Eltern in die Richtung gelenkt wurde, sollte das eigene Kind unterstützt werden.

Bei einem sensiblen Menschen erscheinen sofort Bilder, von jemandem, der ständig weint und alles zu ernst nimmt. Doch dieses Bild stimmt nicht.
Sensible Menschen, die ihre sensible Seite leben, sind alles andere als weinerliche Personen, die alles viel zu ernst nehmen und aufgepasst werden muss, welche Worte verwendet werden. Die Menschen ruhen in sich und sind sich ihrer Emotionen bewusst. Können sich in andere einfühlen, um ihr Gegenüber besser zu verstehen, bleiben aber bei sich. Diese Personen können ganze Gruppen in eine positive Stimmung versetzen, dazu reicht ihre Anwesenheit aus.

Sensible Kinder und Mobbing

Ich denke, dass hochsensible Kinder sehr oft zu Mobbing Opfern werden. Da sie alles zu persönlich und zu ernst nehmen. Lernt jedoch dein Kind, von klein an zu verstehen, dass dieses Verhalten mit seiner/ihrer Sensibilität zu tun hat, kann es in Mobbingsituationen darauf reagieren. Kann sich in dem Moment sagen: Okay, ich fühle gerade stark, muss es jedoch nicht zeigen. Wichtig ist, dass Emotionen angenommen werden, wie sie sind. Was nicht bedeutet, dass du es super findest, aber es wird akzeptiert.

Dies sollten Eltern an ihre Kinder weitergeben. Drum ist es erst mal von Vorteil, wenn du selbst bei dir erkennst, ob du hochsensibel bist oder nicht. Nach dem Anerkennen dir dann selbst das genialste Leben zu erschaffen, indem du lernst, damit umzugehen und klarzukommen. Danach kannst du deine Erfahrung an dein Kind weitergeben.

Ich kann dir gerne Denkanstöße geben, Tipps und mein Acht-Wochen-Programm.

Du selbst darfst deine Erfahrung machen. Kinder lernen nicht allein vom Erklären, sondern sie lernen, was ihnen vorgelebt wird.

Beispiel

Wenn du deinem Kind wiederholt zu verstehen gibst, es sollte sparen, jedoch ihm vorlebst, wie verschwenderisch du selbst mit dem Geld umgehst, so lernst du ihr/ihm nicht die Sparsamkeit, sondern genau das Gegenteil.

Vorurteile

Wenn jemand von der Sensibilität hört, denkt jeder, an einen Menschen, der wegen jeglicher Kleinigkeit weint, alles viel zu ernst nimmt. Das ist der erste Gedanke von den meisten Mitmenschen, denn Hochsensible denken anders darüber.

Da frage ich mich, muss das wirklich so sein?

Ich glaube, dass genau wegen des erschaffenen Bildes es jeder ablegt.

Gefühle zeigen wird meist als Schwäche angesehen. Als kleines Kind wird einem eingetrichtert: Wein nicht, du bist ja ein großer Junge. Bei den Mädchen verhält es sich oft nicht anders.

Kennt sicher jeder aus seiner Kindheit.

Doch muss das so sein?

Ich finde, Gefühle zeigen ist eine Stärke. Gefühle zu unterdrücken, ist nicht gut. Emotionen sind Emotionen, nicht mehr und nicht weniger. Sie wollen und dürfen wie alles auf dieser Erde gelebt werden. Aber durch das Unterdrücken werden die Gefühle festgehalten. Sie suchen sich dann ständig einen Weg, um herauszukommen. Somit werden sie länger festgehalten, als überhaupt nötig ist.

Wer zum Beispiel immer Trauer oder Wut unterdrücken musste, wird im Verlauf seines Lebens immer wieder zu diesen Gefühlen geführt, sodass er sie ausfühlen kann.

Ergibt das Sinn?

Nein, finde ich nicht.

Also lernen wir von nun an unseren Kindern, dass sie jedem Gefühl einen Raum geben, also es ausleben. Bei Traurigkeit hilft sicher weinen. Bei Wut kann vieles helfen, Sport oder zum Beispiel Holz hacken. Einfach etwas machen, dass niemandem schadet und einem selbst guttut. Wenn wir unsere Kinder in diesem Sinn erziehen, müssen wir erst gar nicht sagen, sei nicht so sensibel, weil es das sein darf. Das Kind lebt seine Gefühle aus.

Genau das sollten wir Erwachsenen auch wieder lernen. Kommt ein Gefühl, sollten wir es zulassen. Und fertig.

Das Nächste ist, wenn es dir mal schlecht geht, kann es dir trotzdem gut gehen, denn du weißt schon von Anfang an, es wird alles wieder gut. Es kommen wieder Zeiten, in denen du dich super fühlen wirst. Im Grunde, tief in uns selbst, weiß das jeder. Wir wollen es nur nicht wahrhaben und lassen es aus dem Grund nicht zu!

Denn wir nehmen vieles zu ernst. Ja, das machen Hochsensible ganz gerne.

Aber müssen wir darunter leiden?

Nein!

Wenn du es erst mal weißt, kannst du es akzeptieren und fertig. Wenn dir das nächste Mal genau das passiert, sag dir folgenden Satz: Ja, ich weiß, ich bin sensibel und das gehört dazu. Aber deshalb muss es jetzt nicht stimmen, was ich zu ernst nehme.

Und fertig!

Du wirst sehen, danach geht es dir direkt besser.

Jetzt gehe ich aber weiter zum eigentlichen Thema des Buches, das Einfühlungsvermögen.

Der Fluch

Als sensibler Mensch beziehst du viel zu viel auf dich selbst. Kaum sagt jemand etwas, kommt sofort der Gedanken auf, dass die Person es böse mit einem meint oder einen nicht mehr mag.

Was, wenn ich dir sage, solltest du ein hohes Einfühlungsvermögen haben, könnte es sein, dass es nicht deine Gefühle sind, die in dir hochkommen, sondern die der Person dir gegenüber.

Du glaubst etwas falsch gemacht zu haben?

Das aber ohne jegliche Begründung?

Ja, warum glaubst du das dann?

Du hast ja nichts falsch gemacht.

Also könnte das Gefühl von jemand anderem sein, oder?

Vielleicht hat ja gerade jemand bei dir, zum Beispiel, im Büro einen Fehler gemacht und du fühlst dies. Hast du daran schon einmal gedacht?

Entweder kommt dir das Geschriebene bekannt vor, oder du schüttelst den Kopf und denkst: So ein Schwachsinn.

Du glaubst nicht, dass dies möglich ist?

Dann lies bitte weiter.

Oder deine Beziehung läuft super und doch beschleicht dich die Angst verlassen zu werden. Wer behauptet ständig, dass dieses Gefühl von dir sein muss? Vielleicht wurde ja gerade jemand in deinem Umfeld verlassen und du nimmst dieses Gefühl auf. Denkst jedoch es stammt von dir selbst.

Das Schlimmste, was es für Menschen gibt, die ein besonders hohes Einfühlungsvermögen besitzen, sind Menschenmengen, Menschenansammlungen.

Warum?

Weil dort viele Menschen zusammengekommen sind und wo viele Menschen sind, gibt es zahlreiche Gefühle, die unterschiedlichster Art sind. Das bedeutet du könntest dich in einem Moment glücklich fühlen, gehst jedoch ein paar Meter weiter und fühlst dich dann plötzlich traurig.

Ich schreibe hier von Extremfällen. Meistens gehen hochsensible Menschen gar nicht mehr dorthin, wo sich viele Personen aufhalten.

Warum dieses Spüren nicht jeder empfindet?

Unbewusst haben wir uns einen Schutzpanzer zugelegt. Das hilft uns, dass nicht jedes Gefühl auf uns einprasselt. Im Gegenzug besteht dieser Panzer aber immer, was bedeutet, wir fühlen uns nicht einmal dort ein, wo wir es vielleicht sollten. Was wiederum negativ ist. Eins kann ich dir durch meine eigenen Erfahrungen mitteilen: Die Menschen, die nach außen hin am härtesten wirken sind insgeheim, die am sensibelsten.

Warum das so ist?

Diese Person hat sich den größten Schutzpanzer zulegen müssen, um nicht alles zu fühlen. Da das Ganze meist schon in der Kindheit passiert ist, wissen wir das gar nicht mehr, also fehlt uns auch nichts.

Liest du gerade dieses Buch, kannst du mit Sicherheit sagen, dass etwas in dir es ändern möchte. Und wir ändern es nicht so, dass du zur sogenannten »Heulsuse« wirst, wie die meisten Menschen sich einen Hochsensiblen vorstellen, sondern, dass du mit beiden Beinen auf dem Boden stehst und unterscheiden kannst, wo du hin fühlen solltest und wohin nicht.

Welches Gefühl ist von dir und welches nicht? Und jetzt kommt sicher die Frage. Wenn, ich in meinem Leben schon so viel von anderen Menschen gefühlt habe und das unbewusst, was ist dann überhaupt noch von mir?

Die Frage ist berechtigt und kann dir jedoch nicht beantwortet werden.

Nehmen wir jetzt das Gesetz der Resonanz dazu. Das sagt, Gleiches zieht Gleiches an.

Also müssten alle Gefühle von dir sein, da du sie mit deinen eigenen angezogen hast.

Gehen wir gedanklich zurück in die Kindheit, denn dort hast du das erste Mal Gefühle empfangen. Also geglaubt es wären deine. Du hast sie zu deinen gemacht, waren jedoch die Gefühle von deinen Eltern und Verwandten. Mit diesen Gefühlen bist du dann in die Welt hinausgegangen und hast Menschen mit den gleichen Gefühlen angezogen. Somit kannst du deine Gefühle und dein Umfeld anschauen und du weißt, wer du bist.

Leider bin ich jetzt etwas vom Thema abgedriftet. Dennoch hinterfrage deine Kindheit. Viele Gefühle, die du heute fühlst, wirst du dort wiederfinden. Daher gibt es auch so viel über das Thema inneres Kind zu lesen, zu schauen und zu hören. Es müssen aber nicht immer negative Gefühle sein. Auch wenn du bei etwas voll im Flow bist, kann es das innere Kind sein und die Gefühle aus der Zeit.

Ich komme zurück zu der Frage: Welche Gefühle sind von dir?

Nachdem was ich oben verfasst habe: keine.

Das kann daran liegen, dass du durchs Nachahmen lernst. Kleine Kinder haben bereits die Gefühle wie Glück, Trauer und Wut in sich. Das dürften dann die Grundgefühle sein, die jeder von uns in sich trägt.

Doch was ist mit der Unsicherheit?

Die haben wir uns von unseren Eltern abgeschaut und angeeignet. Zu unserem Eigenen gemacht. Kinder sind auf Lebenszeit mit den Eltern emotional verbunden.

Welche Frau ist am Anfang nicht unsicher Mutter zu sein? Alles richtig zu machen? Ich kann mir vorstellen, dass jede Mutter Angst verspürt, zu Beginn etwas falsch zu machen. Und somit lernt das gerade geborene Baby dieses Gefühl kennen. Im gesunden Maße schadet das dem Kind nicht. Sind die Eltern oder das Umfeld unsicher bei verschiedenen Angelegenheiten, so wird auch aus dem Kind ein unsicherer Mensch.

Liebe Leserinnen und Leser, seid ihr im Leben eher unsicher, könnt ihr nichts dafür, es kommt von euren Eltern. Ihr hab es nicht anders kennengelernt.

Gehst du mit diesem Grundgefühl durchs Leben, muss dir das Leben dieses Gefühl bestätigen, also kommst du ständig in die Lage, in der du verunsichert wirst.

Was das mit Einfühlungsvermögen zu tun hat?

Du selbst ziehst Personen an, die selbst so fühlen, auch wenn es im Außen nicht danach wirkt. Da gibt es die scheinbar unsicheren Menschen, denen siehst du es sofort an. Schlimmer sind aber die Personen, die die Unsicherheit gekonnt überspielen. Die versuchen alles ihnen Mögliche, um sich selbst sicherer zu fühlen.

Wie das geht?

Indem sie andere verunsichern und sich als perfekt hinstellen. Wie du Unsicherheit erkennen kannst, beschreibe ich in den folgenden Kapiteln.

Der Vorgang ist bei den meisten Gefühlen der gleiche.

Ich selbst arbeite heute noch meine Kindheit auf. Das ist ein längerer Prozess und bei jedem Hinzulernen gehe ich in mich und lasse die langsame Aufarbeitungszeit zu. Denn würde es schneller funktionieren, dann würden wir es weniger verinnerlichen, somit ist es gut, wie es ist.

Weitere Beispiele zum Thema Fluch

Steht einem Hochsensiblen jemand gegenüber, so kommt es vor, dass du eins zu eins spürst. Und dann kommt der Glaube auf, die Person mag dich nicht. Dabei hat es eher damit zu tun, dass die Person sich selbst in dem Moment nicht mag. Da dich das Gefühl erreicht, machst du es zu deinem.

Solltest du das nächste Mal dieses Gefühl empfinden, dann halte inne, frage dich: Ist das meine Emotion oder strahlt mein Gegenüber dieses aus?

Größtenteils kommen diese negativen unschlüssigen Gefühle bei Liebesbeziehungen oder im Job vor. Bei mir spielt es sich im Job und in Liebesbeziehungen ab. Im Job und in einer Beziehung liegt es uns am Herzen, dass wir gemocht und anerkannt werden.

Warum?

Da kommt die Verlustangst ins Spiel. Werden wir nicht gemocht, könnten wir den Partner, die Partnerin oder unsere Arbeitsstelle verlieren.

Beispiel zur Beziehung

Mag uns die Partnerin, der Partner nicht mehr, könnte die Beziehung dadurch ein Ende finden. Die Verlustangst kommt auf. Sensible/emphatische

Menschen sind davon schlimmer betroffen als Personen, die weniger emphatisch sind.

Warum?

Emphatische Menschen fühlen mehr und sind dadadurch mehr gefühlsgesteuert. Ein Mensch, der sich durch diese Gefühle nicht steuern lässt, denkt weniger darüber nach und lebt sein Leben.

Ist das Leben dadurch leichter?
Oft ja.
Aber besser?
Nein.

Hochsensible haben zwar tiefere Tiefen dafür aber auch höhere Höhen und nehmen sich viel mehr zu Herzen, die Situation wird ernster genommen als bei weniger sensiblen Personen.

Wie bereits oben beschrieben, ich glaube, dass jeder Mensch von Grund auf hochsensibel ist, aber viele sich davon abgewandt haben, da das Leben einfacher ist, nicht hochsensibel zu sein. Gerade Männern wird nachgesagt, dass sie stark sind, denn Gefühle zu zeigen wird als Schwäche dargestellt. Von unserer Gesellschaft passt sensibel sein nicht zu ihnen. Das fängt bereits in der Kindheit damit an, denn weder kleine, sondern auch große, heranwachsende oder erwachsene Jungen weinen nicht! Ich behaupte, dass jeder Mann diese Aussage in seinem Leben bereits gesagt bekommen hat. Wenn nicht, freut es mich, denn dieser Junge, Mann durfte seine Gefühle leben.

Sein wir ehrlich miteinander, gehört das Gefühl Trauer nicht zum Leben dazu?

Doch.

Welchen Grund gibt es, dieses Gefühl nicht leben zu dürfen?

Keinen.

Doch leider wurde das vielen Männern in deren Kindheit aberzogen, dass sie gar nicht mehr richtig trauern können. Überhaupt nicht wissen, wie sich das anfühlt.

An dieser Stelle möchte ich das Thema Drogen ansprechen, in jeglicher Art. Diese helfen einem die negativen Gefühle für eine kurze Zeit zu unterdrücken. Wenn ich mir bei der Aussage bewusst mache, wie viele Menschen täglich in Österreich Alkohol trinken, komme ich zu dem Entschluss:

Es ist ein Selbstbetrug!

Denn weder Alkohol noch andere Suchtmittel helfen, ganz im Gegenteil, sie verschlimmern die Gefühlswelt, das Leben. Ich habe mir oft die Frage gestellt, sind diese Menschen alle hochsensibel und möchten mit dem Konsum ihre Empfindungen unterdrücken? Ein weglaufen vor negativen Emotionen? Da ich nicht jede Person danach fragen kann, bleibt die Antwort offen.

Das Nächste ist, wie viele Menschen können nicht in Ruhe da sitzen? Sie müssen immer etwas tun. Können nicht einen Tag allein sein. Sie laufen meiner Meinung nach auch vor ihren Emotionen davon. Sich bloß den ganzen Tag beschäftigen, damit nicht nachgedacht werden braucht und somit es ausbleibt, die dazugehörigen Gefühle zu empfinden.

Ich frage mich: Was ist aus unserer Gesellschaft geworden?

Ich bitte um Entschuldigung, denn ich schweife wieder komplett von meinem Thema ab. Doch ich muss das alles niederschreiben. Das alles erklärt meine Theorie, dass jeder Mensch sensibel ist, jedoch die wenigsten gelernt haben, damit umzugehen.

Wie auch?

Denn keine Person lernt es einem. Noch schlimmer, wir haben Eltern, die es selbst unterdrücken, und davor davon laufen. Und daher können sie einem Kind nicht beibringen, wie diese Gabe genutzt werden kann.

Genau, du liest richtig, es ist eine Gabe. Daher ist das kommende Thema dem Segen gewidmet. Ich gehe somit vom Fluch in den Segen über.

Der Segen

Stelle dir bitte vor, du bist ganz bei dir. Das bedeutet deine Gefühle befinden sich in deiner Mitte. Du bist ausgeglichen bis hin zum Glücklichsein. Und genauso gehst du durch dein Leben. Du befindest dich auf deinem Lebensweg und plötzlich überkommt dich etwas Negatives. Du empfängst es, überlegst kurz, ob das negative Gefühl von dir stammt oder von jemand anderem.

Gehen wir davon aus, das Gefühl gehört zu dir. Dann schaust du dir das Warum dazu an, suchst nach einer Lösung und schon ist es aufgelöst und du gehst deinen Weg unbeschwert weiter.

Sollte das Gefühl jedoch von jemand anderem sein, kann dies bedeuten, dass du dieser Person Hilfe leisten könntest. Sagt dir deine Intuition dazu Nein, dann lass dieses Hilfsgefühl ziehen und es geht dir direkt besser.

Lass mich raten, diese letzten Zeilen klingen jetzt zu schön, um wahr zu sein?

Genau das kam mir in den Sinn, als ich die Zeilen schrieb. Doch ein Gefühl zeigt mir im gleichen Moment, dass es sich so verhält und nicht anders.

Wie verhalte ich mich, wenn ich allein bin und negative Emotionen kommen auf?

Hat das Umfeld mir diese Gefühle gesendet?

Mein Unterbewusstsein hält mich gefangen. Wenn nichts passiert, sendet es uns Gedanken, dass wir uns negativ beeinflusst fühlen.

So geht es mir leider sehr oft. Ich befinde mich im Grundgefühl des Ärgers. Ich kann den schönsten Tag haben und zack, kommt das Unterbewusstsein und holt mich ab zum Ärgern, zum Wütend sein. In dem Moment ist wichtig zu erkennen, dass die Gefühle nichts mit mir zu tun haben, ein großer Schritt, jedoch nicht die Lösung.

Wie oft haben wir in unserem Leben den Satz gehört: Du musst alles an der Wurzel packen?

Somit ist es ratsam, zu schauen, woher dieses Grundgefühl kommt. Befindet sich das Grundgefühl gefestigt in uns, weil wir es wiederholend erlebt haben, oder passt es eher zum Umfeld, weil sich dort ständig geärgert wird?

Grundgefühle kommen aus unserem Unterbewusstsein, dort sind diese gespeichert und halten uns oftmals zurück. Ich komme an die Stelle zurück zum vorherigen Thema, um es nochmals zu verdeutlichen.

Sensible/emphatische Menschen haben das Problem alles viel zu ernst zu nehmen. Sie fühlen sich in ihr Inneres und denken das Problem gehört zu ihnen. Meist verhält es sich anders.

Ich weiß, ich wiederhole mich. Doch die Worte gehören sich öfters niedergeschrieben zu werden, damit sie von jeder Leserin, jedem Leser verstanden und verinnerlicht werden.

Was kann ich daran ändern, dass ich die Probleme, die Gefühle nicht als meine ansehe?

Erkenne und nimm an, dass du extrem sensibel oder sogar hochsensibel bist. Danach folgt das Hinterfragen.

Gewöhne dir an, dich zu hinterfragen: Hat das Gefühl etwas mit mir zu tun, oder mit einer anderen Person?

Fühlst du dich schlecht, kannst du dieses Gefühl mit deinem Denken ins Positive lenken. Oft fällst du in einen Negativstrudel, den jeder für sich selbst gut kennt. Das Unterbewusstsein sendet dir ein Thema, dass dich tiefer ins Negative zieht.

Wichtig in dem Moment: erkennen und Stopp sagen!

Wie wird der Fluch zum Segen?

Dass du hochsensibel bist und daher vieles ernster wahrnimmst, hast du sicher bereits erkannt. Ebenfalls, dass du ein hohes Einfühlvermögen besitzt. Nun geht es darum, beides in dein Leben zu intrigieren. Im folgenden Kapitel gebe ich dir dafür Aufgaben vor.

Stell dir bitte Folgendes vor:
Mehr Leichtigkeit in deinem Leben.

Bei Menschenansammlungen sagst du dir, dass alles in Ordnung ist. Du bist dir bewusst darüber, dass bei vielen Menschen, auch zahlreiche Gefühl vorhanden sind. Die nun nicht mehr deine Gefühle beeinflussen.

Vor deinem inneren Auge stellst du dir ein Schutzschild vor und kannst dich zu der Menschenmasse begeben. Manches Mal funktioniert es nicht auf Anhieb, es ist ein Lernprozess, dann sei bitte gut zu dir.

Sprich mit dir: Heute hat es nicht funktioniert, denn ich habe ein weiteres Mal die Emotionen der anderen Personen aufgenommen. Gut ist, dass ich es erkannt und das Beste daraus gemacht habe.

Praktiziere dies wiederholend, bis du eines Tages feststellen wirst, dass du die Emotionen der anderen Menschen nicht mehr ungefiltert aufnimmst.

Eine Freundin oder ein Freund hat ein Problem

Sofort wird ins Problem, in die Emotion mit eingestiegen, sobald eine Person wichtig für einen ist. Das ist gut, denn so können wir besser verstehen, was in unserem Gegenüber vor sich geht.

Können wir in dem Fall wirklich weiterhelfen?

Nein, denn befinden wir uns in dieser Schwingung, sehen wir schwarz und können daher nicht weiterhelfen.

Der richtige Umgang ist, sich einzufühlen, um zu sehen, herauszufinden, worum es geht.

Sobald verstanden wird, worum es geht, wird sich von der Emotion getrennt und das Positive kann sich entfalten. Im Positiven werden Lösungen erkannt, die im Negativen nicht zu sehen sind.

Bist du positiv, dann suche nach der Lösung und sie wird kommen. Nicht immer passiert dies sofort. Dann ist es wichtig, dass du dich ablenkst, mit anderen Gedanken, Dingen.

Dieses Vorgehen habe ich bereits in meiner Lehrzeit als Maurer gelernt, wenn etwas nicht wie gewünscht funktionierte.

Drum lasse es bitte zu, beschäftige dich mit etwas anderem, dadurch bekommst du zum Problem einen Abstand und du wirst auf eine Lösung kommen, an die du zuvor nicht gedacht hast. Auf diese Art kannst du nicht nur mit Problemen anderer Menschen, sondern auch mit deinen eigenen verfahren.

Langsam wirst du an dieser Stelle anfangen, zu erkennen, was unter dem Segen verstanden wird.

Was ist, wenn du einem Menschen mit negativen Emotionen ausgeliefert bist und nicht aus der Situation rauskommst?

Zum Beispiel nenne ich einen Vorgesetzten, der dich nicht in Ruhe lässt und etwas gegen deine Person hat.

Versuche aus dieser Situation wenigstens für eine kurze Zeit zu entkommen. Etwas, was dir in dem Moment niemand verbieten kann, ist, dass du die Toilette aufsuchen möchtest. Dort neutralisierst du deine Gedanken und Gefühle. Denke an etwas Schönes, was dir guttut.

Gehst du dann zurück, dann wende dein Schutzschild an, so, wie ich es dir zuvor erklärt habe.

Dadurch kann dein Chef oder eine andere Person dir zwar weiterhin auf und an die Nerven gehen, aber die negativen Emotionen treffen aufs Schutzschild, und nicht mehr auf dich.

Schutzschildmethode

Bringe dich als erstes in eine wundervolle Emotion. Du könntest daran denken, was dich glücklich macht. Ein schönes Erlebnis, eine Situation, die Glückshormone in dir freigesetzt hat. Was auch immer dir in dem Moment an Positivem in den Sinn kommt. Wenn du möchtest, dann schließe deine Augen. Stell dir vor, du befindest dich in einer Blase, die negative Emotionen zu deinem Schutz abhält.

Wichtig dabei ist, dass sie nur Negatives abhält. So kommen keine negativen Emotionen herein, aber positive schon. Bitte wiederhole diese Übung bist du sie verinnerlicht hast. Denn hat sie sich in dir verankert, dann geht das Abhalten vom Negativen automatisch.

Ab und zu möchte jeder Mitarbeiter gerne erfahren, warum der Vorgesetzte gegen einen ist. Stell dir vor, es könnte sogar sein, weil er selbst Angst um seinen Job hat, da du gut in deinem bist. Leicht könnte es in dem Fall passieren, dass er versucht dich loszuwerden. Dann würdest du Angst und Unsicherheit von deinem Gegenüber empfangen. In dem Moment könntest du dieses Gefühl weiter schüren, was sicher beiden schaden würde. Oder du vermittelst ihm das Gefühl der Sicherheit.

Ein Schutzschild hilft dir, nicht jede Emotion ungefiltert aufzunehmen.

Doch es ist auch gut, kontrolliert Emotionen zu fühlen, die nicht unbedingt gefühlt werden möchten, doch in dem Moment kannst du sie ändern.

Beziehungen

Bei Beziehungen ist sicher die schlimmste Emotion die Verlustangst, die auch Eifersucht mit sich bringt.
Meist hat das mit einem niedrigen Selbstwert zu tun und doch gibt es Fälle, bei denen sie berechtigt ist.

Ich behaupte, dass zu jeder Beziehung eine gesunde Eifersucht gehört, sonst kommt der Gedanke auf, dass einem die Beziehung egal wäre.

Verhält es sich so?

Liebesbeziehungen bringen am meisten Emotionen mit sich und dazu gehören nicht nur positive. Ein feinfühliger Mensch hat den Vorteil, er empfindet was sein Partner, die Partnerin fühlt.

Leider kommt es jedoch vor, dass genau dort wo Einfühlungsvermögen am wichtigsten wäre eine Betriebsblindheit entsteht und nicht mehr gesehen wird, was der Partner oder die Partnerin fühlt. Am häufigsten kommt es bei Beziehungen vor, die bereits über mehrere Jahre bestehen.

Wie kann das geändert werden?

Hier kommt es vor, dass beide Gefühlswelten anfangen ineinander überzugehen, somit nicht mehr nachvollzogen werden kann, welches Gefühl ist von ihr oder von ihm. Am besten ist, die emotionale Welt wird für kurze Zeit voneinander getrennt. In den Wald gehen, allein Musik hören, durch die

Stadt bummeln, Sport treiben, alles, was dir selbst in dem Moment dabei helfen könnte, du gerne machst und du dich nicht dazu zwingst. Versuche ins Klare zu kommen, welche Gefühle zu dir gehören und welche nicht. Sobald du dir bewusst darüber bist, welche Emotionen zu dir gehören, kannst du deinem Partner, deiner Partnerin gegenübertreten und schauen, was sich für euch dann aufmacht.

Ich persönlich glaube, das Schwierigste bei Beziehungen ist das Thema Nähe und Distanz. Jeder Mensch ist anders, der eine braucht viel Nähe, der andere mehr Distanz. Von Vorteil ist es, einen Mittelweg für beide zu finden.

Das Thema Segen schließe ich damit ab. Solltest du mit meinen Vorgaben arbeiten, wirst du in wenigen Wochen vom Fluch in den Segen kommen.

Denkst du gerade: Super, das werde ich machen. Und wie oft wird sich etwas vorgenommen und nicht umgesetzt oder nach drei Tagen fallen gelassen?

Mit dem folgenden Acht-Wochen-Programm gebe ich dir für jede Woche eine Übung vor.

Damit kommst du gezielt vom Fluch in den Segen.

Viel Spaß bei den Übungen.

ACHT – WOCHEN - PROGRAMM

Das Acht-Wochen-Programm

Das Acht-Wochen-Programm wird dein Leben verändern.

Wie?

Als Erstes geht es darum, Gefühle zu neutralisieren und dich vor fremden Gefühlen zu schützen.

Danach geht es ins bewusst einfühlen.

Warum bewusst?

Wenn gelernt wird, wie sich bewusst eingefühlt werden kann, fällt einem das zuvor unbewusste einfühlen auf.

Vom Fluch in den Segen kommen.

Und wie?

Indem es bewusst gemacht wird.

Ein weiterer Vorteil wird sein, wenn es jemandem schlecht geht, kann sich kurz eingefühlt werden, um zu erkennen, was im Gegenüber vor sich geht. Dann sich davon lösen, um danach die bestmögliche Hilfe geben zu können. Wird sich nur eingefühlt, ist es die gleiche Gefühlslage, wie bei deinem Gegenüber und dann ist es selten möglich wirklich Hilfe zu leisten. Das bedeutet jetzt nicht, dass danach deine Stimmung fröhlich und du lachen musst. Du sollst dich einfach neutral fühlen. Bist du zu gut gelaunt, könnte sich dein Gegenüber veräppelt vorkommen.

Weinst du mit, kann es dir passieren, dass die Person dich aufheitern möchte.

So sollte es nicht sein, oder?

Bei folgenden Übungen wirst du lernen, wie du bei Menschenmassen immer bei dir bleibst und nicht in der Gefühlsverwirrung endest, wie du es jetzt vielleicht kennst.

Jetzt wünsche ich dir viel Spaß bei den Übungen.

Willkommen in der ersten Woche

Bevor du mit der Übung anfängst, möchte ich, dass du dir einen Gegenstand suchst.

Besitzt du etwas, was dir viel bedeutet?

Ein Schmuckstück, einen Talisman, einen Stein, oder ...?

Löst der Gegenstand, wenn du ihn in deiner Hand hältst, ein gutes Gefühl in dir aus?

Dann ist es der richtige. Halte ihn in deiner Hand und bringe dich in eine positive Emotion. Fühle dich bewusst in den Gegenstand ein. Auf der Arbeit, zu Hause, wo auch immer es gerade passt, diese Übung durchzuführen.

Eine Woche lang, mindestens zwei Mal täglich, für fünf Minuten baust du bitte eine positive Emotion mit deinem Gegenstand auf.

Bitte mache diese Übung so lange, bis du das Teil nur noch anfassen brauchst oder daran denkst und schon geht es dir gut.

Schreibe bitte hier unter die Aufgabe deine Erlebnisse auf.

_____

_____

_____

Willkommen in der zweiten Woche

Bitte fange mit der Übung erst an, wenn du die erste Übung verinnerlicht hast. Danke. Behalte sie täglich bei, denn sie ist wichtig.

Diese Woche geht es darum, dich in dein Umfeld einzufühlen.

Du hast ein negatives Gefühl?

Schau dich um.

Kommt dieses Gefühl von dir selbst, oder gehört es zu einer anderen Person, die sich in deiner Nähe befindet?

Oft kann es auch sein, dass du diese Person nicht siehst und trotzdem das Gefühl empfängst. Finde heraus, zu wem das Gefühl gehört.

Denke bitte daran, deinen Gegenstand zu berühren, dadurch neutralisierst du dich. Das dient dazu, dass du nicht gefühlsverwirrt wirst.

Schreibe bitte deine Erfahrungen nieder.

_____

_____

_____

_____

_____

_____

Willkommen in der dritten Woche

Da du selbst immer ein gutes Gefühl haben sollst, bezieht sich die Übung in dieser Woche auf die Umgebung.

Wohnung, Zimmer, Auto, Arbeitsstelle …

Der Ort, an dem du dich viel aufhältst. Die Übung aus der ersten Woche wird in dieser erweitert. An jedem Ort, an dem du dich für längere Zeit befindest, lade bitte einen Gegenstand mit positivem Gefühl auf.

Du verfügst bereits über einen Talisman, was sollen dir weitere Gegenstände bringen?

Sie werden dir dabei helfen, dich zu neutralisieren.

Bitte probiere es aus.

Den an einem deiner Orte ausgesuchten Gegenstand schaust du dir mehrmals täglich unbewusst an, somit bringst du dich unbewusst immer wieder in das positive Gefühl, welches wichtig ist, wenn du dich sonst mit reichlich negativen Emotionen beschäftigst.

Der Gegenstand kann alles Mögliche sein, egal was du gerne möchtest. Sei es ein Bild, eine Lampe, der Stuhl, die Kaffeemaschine …

Dann gehe, wie in der ersten Woche mit dem Talisman um und fühle dich in den Wohnungs-, Arbeitsgegenstand ein.

Verteile die Aufgabe auf die Orte über die gesamte Woche. Schreibe am Ende der Woche auf, wie sich dein Leben, mit so vielen positiven Gegenständen um dich herum verändert hat.

Ich wünsche dir viel Spaß bei der Übung.

Bitte schreibe deine Erfahrungen nieder.

_____

_____

_____

_____

_____

_____

_____

_____

_____

_____

_____

_____

_____

_____

_____

_____

_____

Willkommen in der vierten Woche

Das Wochenthema
Schutzschild

Jeder, der mit viel Einfühlungsvermögen arbeitet sollte sich dieses aneignen.

Stell dir bitte vor, du würdest dich in einer Schutzblase befinden, in die nur positive Emotionen reinkommen. Negative bleiben draußen.

Dadurch kannst du immer sicherstellen, dass du keine negativen Emotionen aufnimmst, die nicht von dir selbst sind. Das bedeutet nicht, dass du nichts an dich heranlassen sollst. Ein Stück weit die »Tür« öffnen, um dein Gegenüber besser zu verstehen, kannst du gerne machen. Durch die imaginäre Schutzblase kannst du zu einer größeren Menschenmenge gehen. Und sollte die »Luft« schon kurz vor dem Explodieren stehen durch Aggressivität oder andere Emotionen, dann kannst du in deinem positiven Gefühl bleiben, du hast dich geschützt.

Gehe dieser Übung so oft, wie möglich nach. Nur durch wiederholendes Üben wird die Schutzblase, dein Schutzschild sich mit der Zeit automatisieren.

Bitte schreibe dir jede Erfahrung auf.

Willkommen in der fünften Woche

In den letzten Wochen hast du bereits viel für deinen Schutz und für die Neutralisierung der Emotionen gemacht. In dieser Wochenübung geht es darum, dass du dich bewusst in eine andere Person hineinfühlst.

Wähle für die Übung eine dir nahestehende Person, bei der du keine Angst verspürst, ausgelacht zu werden. Kläre sie zuerst darüber auf, warum du diese Übung machen möchtest. Sprich frei und offen über deine Hochsensibilität. Du kannst neben der Person sitzen oder stehen.

Stell dein Inneres auf neutral ein und warte ab. Dann fühl dich in dein Gegenüber ein und erzähl ihr/ihm, welche Emotionen dich erreichen.

Es kann sein, dass du die Emotionen fühlst oder sie dir als ein Gedanke erscheinen.

Genauso habe ich damals begonnen mich in andere Menschen einzufühlen und war sprachlos, wie oft ich richtig mit dem Gefühlten lag.

Viel Erfolg bei dieser Übung.

Bitte schreibe deine Erfahrungen dazu auf.

Willkommen in der sechsten Woche

Ich hoffe, du hast bereits die erste positive Erfahrung mit dem bewussten Einfühlen erlebt. Wenn nicht, dann sei bitte lieb zu dir selbst. Ich selbst praktiziere das Einfühlen seit zehn Jahren und liege ab und zu falsch. Das gehört dazu, drum lass dich bitte nicht entmutigen.

Die Wochenübung besteht darin Menschen zu beobachten. Und zwar, wenn du unterwegs bist.

Stelle deine eigenen Gefühle auf neutral ein. Dann schaue dir fremde Menschen an, die an dir vorübergehen, die auf der anderen Straßenseite stehen, auf deiner Arbeit, in der Bahn, beim Sitzen auf einer Parkbank …

Bitte blicke sie nicht zu direkt an, sondern fühl dich ein und beobachte, welche Emotionen bei dir aufkommen. Dieses Mal kannst du nicht nachfragen, sondern du bist nur der Beobachter.

Viel Spaß bei der Übung.

Bitte schreib auch dieses Mal all deine Erfahrungen auf.

_____

_____

_____

Willkommen in der siebten Woche

Die Genießer Woche. Diese besteht darin, dass du die vergangenen Wochen Revue passieren lässt.

Genieße, dass du in jedem deiner Räume etwas stehen, liegen oder hängen hast und dir ein gutes Gefühl vermittelt.

Genieße, dass du etwas an dir oder bei dir trägst - die Kette, den Ring oder einen Stein …, dass dich in ein wohlfühlendes Gefühl und jederzeit in eine positive Energie bringt.

Freue dich darüber, dass du ein Schutzschild eine Schutzblase aufgebaut hast, um vor negativen Emotionen geschützt zu sein.

Bitte schreibe dir deine Erfahrungen über dein bisher Erreichtes auf.

_____

_____

_____

_____

_____

_____

_____

_____

_____

Willkommen in der achten und somit letzten Übungswoche

In dieser Woche wird wieder Neues erlernt, denn alles, was im realen Leben funktioniert, geht auch im Zeitalter von Elektronik, dem Internet, dem online sein. Suche dir aus deinen »Freunden« eine Person aus, die du näher kennst und der du vertraust.

Schau dir das aktuelle Foto der Person an und versuche dich einzufühlen. Bitte nicht vergessen, deine eigenen Gefühle wieder auf neutral zu stellen. Fühl dich ein und mit dem ersten Gedanken oder Gefühl schreib es per PN (persönliche Nachricht), E-Mail an die Person.

Bitte lasse dir danach von der Person ein Feedback geben.

Bitte schreib dir deine Erfahrungen dazu auf.

_____

_____

_____

_____

_____

_____

_____

Gratulation, du hast das Acht-Wochen-Programm geschafft. Ich hoffe, es ist dir dabei gut ergangen.

Ich denke, du bist dir bewusst, dass es mit den acht Wochen nicht getan ist, denn manche Anwendungen werden schnell wieder vergessen, wenn du sie nicht weiter in deinen Alltag mit einbeziehst. Die Schutzübungen müssen immer wieder erneuert werden, sonst wirken sie nicht mehr so extrem wie in den Übungswochen.

Bitte visualisiere deinen Schutzkreis immer wieder aufs Neue.

Die Gegenstände, der Talisman, der Ring, die Kette, das Bild, die Lampe usw. wirken nicht mehr positiv?

Von Zeit zu Zeit neue Gegenstände mit positiven Gefühlen beladen.

Nach längerem nicht anwenden der Übungen kann es passieren, dass du dir nicht mehr so bewusst bist, dass du Gefühle anderer Menschen aufnimmst. Bitte mache es dir ständig bewusst, lass die Übungen in deinen Alltag einfließen.

Ein Leben mit Hochsensibilität und einem hohen Einfühlungsvermögen ist eine Lebensaufgabe.

Die Hochsensibilität gehört zu dir dazu und lässt sich nicht einfach abstellen. Aber du kannst durch verschiedene Anwendungen gut damit leben und besser damit umgehen.

Beruf

Frage dich, welcher Beruf für dich der geeignete wäre. Berufe mit Kundenverkehr sind gut, da du dich einfühlen kannst in dein Gegenüber.

Dazu zähle ich auch die Verkäuferin, den Verkäufer.

Stell dir vor, dir gegenüber steht eine Kundin, ein Kunde, der besonders genervt ist und dieses auch klar zum Ausdruck bringt. Die meisten Verkäuferinnen, Verkäufer würden in dem Moment das Gefühl des Gegenübers aufnehmen und es widerspiegeln. Aus Erfahrung hast du festgestellt, dass dies zu keinem guten, erfolgreichen Ende führt.

Du hast gelernt die Emotionen deines Gegenübers außen vor zu lassen, bleibst bei deinen eigenen, denn du weißt, wie du es unterscheiden kannst, von wem die Gefühle sind. In dem Moment kannst du entgegenwirken. Dich innerhalb von Sekunden von dieser freigesetzten negativen Energie trennen und dafür Ruhe ausstrahlen. Das färbt auf dein Gegenüber ab und lässt sie/ihn gelassener werden.

Bist du von Beruf Verkäuferin, oder Verkäufer, dann teste es aus. Du wirst überrascht sein und es in der Zukunft sicher häufig anwenden.

Das gilt für alle Berufe, in denen du mit Kunden zu tun hast. Busfahrer, Kellnerin, Tankstellenwart, jegliche Art von Geschäften, Jobcenter, auf Ämtern usw.

EINFÜHLUNG &
EMOTION

Aus meinem eigenen hohen Einfühlungsvermögen heraus habe ich Texte erstellt, mit denen ich Menschen helfen möchte. Mit wenigen Worten beschreibe ich das Gefühlselben einer Person. Ich bin mir bewusst, dass jeder Mensch selbst weiß, wie oder was er fühlt. In den Texten geht es um die in der Tiefe verborgene Emotion.

Gefühle, die häufig vorkommen, wobei es einem selbst oft nicht auffällt. Meine Texte können bei Beziehungen helfen, den Partner, die Partnerin besser zu verstehen. Warum er/sie, wie auch immer reagiert. Und für einen selbst Gefühle zu erkennen, die einem nicht guttun und du dann aus diesem Kreislauf aussteigen kannst. Solange uns nicht selbst bewusst ist, dass wir wiederholend negative Emotionen wie ein Magnet anziehen, so lange können wir auch nichts dagegen unternehmen. Allein das Erkennen ändert schon oft viel an unserer Situation.

Ich glaube auch, dass meine Vorgehensweise helfen kann, wenn sich eine Person in eine Therapie begibt oder befindet. Therapeuten können sich oft nicht in ihren Patienten einfühlen, so wie ich es kann, als hochsensibler Mensch. Ich erstelle Analysen über das Internet, somit online, und habe dadurch einen gewissen Abstand zu der Hilfe suchenden Person. Meine Texte sprechen Gefühle an, die zwar gefühlt, jedoch nicht ausgesprochen werden. Damit kann die Person in seiner Therapie die Texte verwenden, damit der Therapeut oder die Therapeutin verstehen, was in dem Patienten, der Patientin vor sich geht. Die Texte lösen die Emotion gezielt aus. Dadurch kann während der Therapie gezielt darauf eingegangen werden sie aufzuarbeiten.

Leider habe ich zu dieser Zeit, in der ich das Buch schreibe, noch keine Chance gehabt, das wirklich zu erproben. Sollte sich jemand, der es liest, in einer Therapie befinden und denken es könnte helfen, kann sich gerne über die Facebook Seite »Emotionale Augenanalysen« bei mir melden.

Jede(r), der das Interesse daran hat, am Kurs der emotionalen Augenanalyse teilzunehmen, sollte danach selbst Analysen erstellen können.

Besteht bei dir Interesse es zu vertiefen oder benötigst du Hilfe?

Bitte melde dich bei mir.

Ich hoffe, die folgenden Texte helfen dir, deine Gefühle leben zu dürfen.

IM INNEN WIE IM AUSSEN

Wertvoll

Jeder nimmt Jenni als selbstbewusst wahr und ist gerne mit ihr zusammen. Leute machen Komplimente, da sie eine starke Frau ist. Nur sie selbst kann das leider nicht fühlen. Sie zeigt es zwar nicht, aber in ihr drinnen fühlt sie das.

Das Ganze ist ein Überbleibsel aus ihrer Kindheit. Dort wurde ihr erklärt, sie soll sich nicht wichtig nehmen. Das Schlimmste daran war, dass es ihr nicht gesagt, sondern gezeigt wurde.

Das schleppt sie jetzt weiterhin mit sich rum. Schlecht geht es ihr zwar nicht damit, aber auch nicht so gut, wie es ihr gehen könnte.

Eines Tages wurde ihr das Ganze bewusst. Schlagartig kamen Gefühle von Trauer und Wut in ihr hoch.

Sie fing an zu hinterfragen:

Warum hat man das mit mir gemacht?

Warum wurde mir nicht gezeigt, dass ich wundervoll und wertvoll bin?

Die dazugehörigen Gefühle ließ sie zu und die Fragen offen.

So konnte sie wirken und nach Lösungen suchen.

Von da an setzte sie sich jeden Abend hin und reflektierte den Tag. Hielt Ausschau nach Bestätigungen, dass sie wertvoll und wundervoll ist. Genau diese fand sie, sogar mehr als sie sich je hätte vorstellen können.

Die negativen Gefühle waren zwar noch vorhanden, doch sie wurden von Tag zu Tag schwächer. Und ihr ging es dadurch immer besser.

Es dauerte nicht lange, bis Leute in ihrer Umgebung plötzlich auf sie zu kamen und sie darauf ansprachen. »Jenni irgendetwas ist anders an dir, ich kann nicht sagen was, aber etwas hat sich verändert, und zwar zum Positiven.«

Ihre Ausstrahlung hatte sich verändert.
Sie brauchte keinem mehr etwas vorzuspielen.
Wie sie im Inneren fühlte, zeigte sich im Außen.

Warum müssen Menschen ständig kritisieren?

Kritik kann höllisch wehtun.

Mich macht es wütend und traurig zugleich, wenn ich ständig kritisiert werde.

Frage mich dabei, was bringt es der Person, wenn sie das macht?

Sie muss sich doch bewusst darüber sein, dass es mir wehtut.

Spiegelgesetz!

Wie im Innen so wie im Außen.

Wo kritisierst du sich selbst?

Bitte denke über diese Frage nach.

Leos Geschichte

Das Leben als Kind ist nicht immer einfach, auch wenn es die Erwachsenen meinen.

Jeder sagt dir, was du darfst und was nicht.

So geht es auch Leo, bei ihm verhält es sich jedoch anders. Er ist ein Superheld. Er kann fühlen, was andere fühlen. Lange war ihm das gar nicht bewusst, bis eines Tages seine Mama besonders traurig war. Da fing er auf der Stelle an zu weinen. Er fühlte sich nicht traurig und konnte nicht verstehen, warum er nun so reagierte. Im ersten Moment war seine Mama darüber gleich verwirrt wie er.

»Warum weint denn jetzt auch mein Junge?«, fragte sie sich. Sie hatte die Worte gerade ausgesprochen, da fiel ihr ein, dass ihr als kleines Mädchen das gleiche passiert war. Niemandem fiel es auf, darüber gesprochen wurde nicht, drum hatte sie es vergessen. Bis zu diesem Moment. Schlagartig wurde ihr bewusst, dass es sich ums Mitfühlen handelte. Sie hatte es erkannt, ihre Stimmung wurde besser und somit Leos auch.

Als sich beide gefangen hatten, setzte sie sich ihrem Sohn gegenüber und erklärte ihm, was gerade geschehen war.

»Schau Leo, du bist ein Superheld, denn du kannst nachempfinden, was andere fühlen. Wenn der Mensch darauf aufmerksam wird, fühlt er sich sofort besser, da er weiß, er ist nicht allein auf der Welt, mit seinem Kummer.«

Leo machte die Antwort der Mutter skeptisch, doch er respektierte sie.

Ein paar Tage später traf er sich mit einem guten Freund, der ihn anlächelte. Leos innere Stimme signalisierte ihm, dass es seinem Kumpel nicht gut gehen würde.

Zuerst kam ihm der Gedanken: Na ja, diese Stimme irrt sich, mein Freund lächelt, somit wird es ihm gut gehen. Also ignorierte Leo das Ganze. Sie fuhren mit dem Fahrrad und spielten mit dem Ball. Leos innere Stimme hörte nicht auf Signale zu senden: Deinem Freund geht es nicht gut, frag ihn, warum er so traurig ist, was mit ihm los ist. Nachdem die innere Stimme keine Ruhe gab, fasste er Mut.

»Ich habe eine Frage, die wird dir wahrscheinlich komisch vorkommen. Doch kann es sein, dass es dir nicht gut geht? Das du traurig bist?«

Vor dieser Frage hatte der Freund noch herzhaft gelacht. Kaum hatte Leo seine Worte ausgesprochen, rollten ihm schon die ersten Tränen über die Wange.

»Woher weißt du das? Ich habe extra darauf geachtet, dass ich mir nichts anmerken lasse, denn ich möchte einfach nur Spaß mit dir haben. Schau meine Eltern streiten sich nur noch, deshalb werden sie sich scheiden lassen, das macht mich traurig.«

Genauso wie bei seiner Mutter konnte Leo die Tränen nicht zurückhalten.

»Ich kann fühlen, was andere fühlen, das ist mir vor Kurzem bei meiner Mama auch passiert. Schau wir sind Freunde und die sind nicht nur dafür da, um Spaß zu haben, sondern auch in schlechten Zeiten einander beizustehen.« Leo blickte seinen Freund an. Dann saßen sie beide weiterhin zusammen und weiten. Nach ein paar Minuten beruhigten sie sich.

»Wow, mir geht es jetzt viel besser. Einfach das Gefühl zu haben, dass jemand für mich da ist, ist der Hammer. Danke, Superheld Leo.«

TRAURIGKEIT

Traurig sein

Wie kann eine Person aus dem Nichts traurig sein?, frage ich mich in letzter Zeit immer öfter. Da stellt sich aber auch die Frage, wenn aus dem Nichts heraus jemand traurig sein kann, funktioniert das denn auch, aus dem Nichts heraus glücklich zu sein?

Kann ein Mensch auch glücklich sein, ohne eine Begründung dafür zu haben?

Ich denke, das ist möglich.

Hinter jeder Wolke steckt die Sonne, so verhält es sich mit dem traurig sein. Gehe durch die Trauer hindurch und du findest das Glück. Dafür musst du nichts tun, außer es zuzulassen, das reicht schon aus.

Tränen rollen über meine Wangen, doch ich weiß nicht warum. Ich schaue mich im Spiegel an, weine, doch fühlen kann ich es nicht. Weint jemand anderer, weine ich mit. Aber ich fühle nicht, dass ich traurig bin.

Wie soll ich das bitte verstehen?

Bin ich gefühlskalt geworden, dass ich so etwas nicht mehr spüren kann?

Oder, ist das ein Eigenschutz?

Leider kann ich mir diese Fragen nicht beantworten.

Eines weiß ich jedoch, ich möchte glücklich sein, doch das Glück kann ich auch nicht fühlen, aber warum?

Trauer zulassen

Hinter meiner lustigen Fassade versteckt sich eine tiefe Trauer. Ich höre die Traurigkeit täglich schreien, dass sie rausgelassen werden möchte.

Irgendwie weiß ich, dass ich das zulassen sollte, doch ich habe große Angst davor.

Was, wenn ich es zulasse?

Überrollt mich dann die Emotion oder fließt sie nur durch mich durch?

Bleibt da trotzdem etwas hinten, im Tiefen versteckt?

Dieses Gefühl besteht bereits so lange, dass ich gar nicht mehr weiß, wie es ohne war. Ich kenne kein Leben ohne indirekte Trauer, schon so lange ist diese da und beeinflusst mein ganzes Leben. Ich versuche, dass nichts passieren kann, wodurch ich noch mehr von der Trauer erschaffe.

Oft bin ich neugierig, was würde mit meinem Leben passieren, wenn ich die Trauer zulassen würde?

Komm raus Trauer, lebe dich aus, dafür bist du ja da. Kaum gedacht ist da wieder diese Angst.
Nein, lass die Trauer dort, wo sie ist. Sonst passiert Schlimmes.

Mit der Aussage vergeht die Neugierde.

Ein Gefühl ist eine Energie

Jede Energie möchte gelebt werden, nicht mehr nicht weniger. Daher lasse ich einfach diese Trauer zu, lass sie fließen, gebe ihr den Raum zum Existieren und sie wird mir zeigen, was dahinter steckt.

Ich liebe mich selbst und gestatte es anderen Menschen, mich zu lieben.

Das sage ich mir ab und zu. Sich selbst zu lieben fällt den meisten Menschen schwer. Das kommt auch bei mir vor. In dem Moment schwingt ein Gefühl der Trauer mit. Ich könnte weinen. Mache es aber nicht, da ich ein großes Mädchen bin. Auch wenn ich mich oft gar nicht als ein dieses fühle. Genau daher zeugt die Trauer, denn ich fühle mich nicht so alt, wie ich bin. Oft wünsche ich mir, ich wäre so alt, wie ich mich innerlich fühle. Dann wäre das Leben viel einfacher als jetzt.

Zu der Zeit habe ich mich auch noch selbst geliebt, doch das ist mit den Jahren verloren gegangen.

Wo ist die Selbstliebe denn hin?

Oder ist sie noch da und ich kann sie nur nicht fühlen?

Das ist alles verwirrend.

Von der Trauer ins Glück

Ich erstarre, die Trauer bahnt sich ihren Weg hinaus. Die Tränen rollen mir über die Wangen. Das traurige Gefühl überfällt mich. Einen Augenblick denke ich: Stopp, ich möchte das nicht fühlen.

Doch da ist es bereits zu spät, der Damm ist gebrochen. Die Tränen fließen wie ein Wasserfall. Kurz kommt eine Angst, auf, die mir sagt: Das ist dein Untergang.

Da fühle ich plötzlich Glück, wie ich es schon lange nicht mehr gefühlt habe, während ich unter Tränen da sitze, fange ich zu lachen an, so laut, dass es sogar meine Nachbarn hören könnten. Ich bin überwältigt von diesem Glücksgefühl, dass ich mir denke, warum habe ich so lange darauf gewartet. Es kommt mir vor, als hätte diese Emotion hinter der Trauer gelauert, bis ich zulasse sie zu leben.

Ich bedanke mich bei beiden Emotionen, dass ich sie fühlen durfte. Ohne Trauer hätte ich dieses wahre Glück niemals so intensiv fühlen können.

Danke.

Hinter jedem Lächeln steckt ein Weinen und hinter jedem Weinen ein Lächeln

Ich bin meist ein fröhlicher Mensch, doch von Zeit zu Zeit überkommen mich die Tränen. Diese lasse ich dann sofort rollen, wie sie kommen, denn ich weiß auf Regen folgt der Sonnenschein und auf Sonnenschein der Regen.

So ist das Leben.

Nimmst du es an, lernst du damit umzugehen. Kämpfst du dagegen an, werden die Tiefen immer schlimmer sein als die Höhen, weil du versuchst sie zu unterdrücken.

Lebe alle Gefühle, wie sie kommen, und dein Leben wird im Einklang sein.

Tieftraurig und doch glücklich

Tief in mir versteckt sich ein kleines Mädchen, das herzzerreißend weint. Es rollen die Tränen über ihre Wangen. Frage ich das Mädchen, warum es weint, so kann sie mir darauf keine Antwort geben. Sie fühlt sich traurig.

Ich weiß, sie ist ein Anteil von mir, also sollte ich wissen, warum sie traurig ist. Egal wie lange ich darüber nachdenke, mir fällt nichts dazu ein. Sie ist einfach traurig und Punkt.

Es gibt jedoch Tage, da fühle ich mich in das kleine Mädchen hinein, um zu schauen, wie es ihr geht. Ich fühle Glück, obwohl ich das selten spüre. Dabei kommt mir ein Gedanke. Das Glück kommt von ihr, weil ich ständig nach ihr sehe. Also muss die Trauer des Mädchens damit zu tun haben, dass es sich allein fühlt. Nach dieser Ansicht fällt mir auf, dass ich mich allein fühle und ich darüber traurig bin.

Woher stammt nun die Traurigkeit. Von meinem inneren Mädchen oder von mir?

Fühle ich mich allein, weil sie sich allein fühlt?

Eigentlich bin ich weder allein noch einsam.

Traurig über das Leben

Ich bin innerlich traurig über das Leben.

Warum bekomme ich nicht das, was ich mir wünsche?

Warum kann nicht immer alles laufen wie geplant?

Ich kann zwar das Gute im Leben sehen, doch erkenne ich noch viel mehr Schlechtes. Doch genau das Schlechte geht mir näher als das Gute. Das Gute ist ja gut, nur da gibt es immer etwas Schlechtes.

Warum?

Traurig und glücklich zugleich

Am gesamten Körper spüre ich die Traurigkeit.

Alles ist mühselig, wie ein Tag ohne Sonne. Denn an sonnenlosen Tagen fühlen sich viele Menschen mehr oder weniger traurig.

Bei mir ist die Traurigkeit unterschwellig. Sie ist vorhanden, doch ich lasse sie nicht ganz durch. Genauso, als würde ich die Sonne sehen, durch eine Wolkendecke hindurch.

Daher kann ich nicht fühlen, ob es jemals besser wird.

Ich versuche, die gesamte Traurigkeit zu fühlen, doch es kommt mir vor, als würde sie blockiert.

Daher glaube ich auch, dass ich die Trauer am gesamten Körper fühle, doch ich kann sie nicht freilassen, sodass die Sonne komplett durchkommt.

Ich gehöre zu einer der wenigen Menschen, die glücklich und traurig zugleich sein können.

Trauer

Die Trauer ist nicht immer schlecht.

Wenn etwas Schönes im Leben geht, dann ist es auch normal traurig zu sein.

Lass die Trauer los, lebe.

Das Ganze ist so wie bei dem Wetter, wenn es regnet, kannst du dir sicher sein, dass bald wieder die Sonne scheint. Drum läufst du besser nicht vor dem Regen davon.

Genieße jede Träne, denn danach kommt wieder das Glück.

Traurig, weil ich mich nicht wertvoll fühle

Ich bin traurig darüber, dass ich mich nicht so wertvoll fühle, wie ich eigentlich sollte.

Mein Verstand sagt mir zwar immer wieder, dass ich wertvoll bin, doch das Gefühl dahinter ist nicht vorhanden.

Ich weiß nicht mal, wie sich das anfühlt, wenn man sich wirklich als wertvoll fühlt.

Wie soll ich es dann spüren können?

Aber ein Gefühl, tief in mir signalisiert, dass ich viel wertvoller bin, wie ich es mir selbst zugestehe.

Dieses Gefühl wäre somit das Wertvollgefühl, aber dieses wird von meiner Traurigkeit überlagert.

Und ich finde einfach nicht den Zugang.

Trauerspiegelung

Tränen rollen über meine Wangen, doch ich kann nicht weinen. Im Spiegel beobachte ich mein Weinen, doch ich fühle es nicht. Als befände sich eine Mauer, die mich davor schützt, zu tief in die Trauer hinein zu versinken. Mein Umfeld kennt mich nur lächelnd.

Warum?

Es muss nicht jeder wissen, dass ich viel Traurigkeit in mir verspüre, sodass ich mit meinen Tränen einen See füllen könnte.

Muss denn wirklich jeder sehen, dass es mir innerlich schlecht geht?

Nein, muss niemand außer mir.

Aber oft kann ich diese Traurigkeit selbst nicht fühlen, nicht sehen.

Das verwirrt mich und ist befremdlich.

Lähmende Traurigkeit

Trauer fließt durch meine Adern wie das Blut. Ich möchte die Traurigkeit nicht fühlen, doch sie überkommt mich ständig aufs Neue.

Was soll ich bitte mit ihr?

Sie lähmt mich ja nur, oder?

Weinen ist eine Schwäche, wird immer wieder behauptet.

Doch ich kann die Tränen nicht zurückhalten, zu stark ist der Schmerz.

Hört das auch irgendwann auf?

Eine Antwort erhalte ich darauf keine.

Eine weitere Emotion fühle ich in mir. Die bereitet mir noch mehr Angst, wie die Traurigkeit.

Das ist die Wut, die ich tief in mir eingesperrt habe. Warum?

Damit sie nichts anrichten kann, nicht noch mehr zerstört, nachdem einiges bereits zerbrochen ist.

Was passiert, wenn ich die Wut nicht mehr im Gefängnis halten kann?

Wenn sie plötzlich ausbricht, wie ein Vulkan?

Was wird durch den Ausbruch zerstört?

Zahlreiche Fragen doch keine einzige Antwort.

Was kann in einer solchen Situation gemacht werden.

Aufgeben?

WUT, ANGST, VERZWEIFLUNG, STARRE

Die Wut auf das Leben

Tief in mir steckt eine Wut. Ich spüre sie zwar nicht wirklich, da ich sie vor langer Zeit verdrängt habe, einfach weggesperrt. Doch sie ist noch vorhanden und hat ein Eigenleben entwickelt, das mir nicht zusagt. Sie zerfrisst mich innerlich, auch wenn mir das nicht bewusst ist, nagt sie in mir. Ab und zu kann ich sie zwar noch fühlen, dann dränge ich sie schnell wieder weg.

Liebe Wut sag mir bitte, was du möchtest.

Einfach leben lassen, zulassen sollst du mich. Nicht mehr nicht weniger, kam die Antwort.

Und was ist, wenn ich Angst habe, dass ich die Wut nicht aushalten kann?

Ich verstehe deine Angst, aber das wird nicht passieren. Wenn du mich loslässt, bin ich frei und kann fließen. Hältst du mich fest, werde ich stärker und suche mir andere Wege, um frei zu werden.

Irgendwann leuchtete mir das ein. Doch habe ich weiterhin Angst davor, was passieren könnte, wenn ich die Wut zulasse.

Die Angst lähmt mich, ich kann es nicht machen.

Was soll ich tun?

Zulassen.

Wut, Verzweiflung

An Tagen, an denen ich wütend bin, verzweifle ich zugleich auch. Dieses Gefühl der Wut und Verzweiflung ist schlimm, ich weiß einfach nicht, was ich damit machen soll. Ich kann keinen Menschen einfach zusammenschlagen, um davon befreit zu werden. Und mich selber zu schlagen erst recht nicht, denn die Wut ist ja gegen mich gerichtet. Daran könnte ich verzweifeln, weil ich nicht weiß, was ich machen soll.

Sind diese beiden Gefühle verflogen kommt die tiefe Trauer meistens. Also zuerst bin ich wütend auf mich selbst und danach betraure ich die Situation. Wenn ich diese Phase durchlebt habe, kommt das Glück.

Durchleben!

Was soll ich denn sonst machen?

Wie kann ich das Ganze beenden?

Ich unterdrücke sehr viel

Mein Leben lang schon möchte ich niemandem zur Last fallen. Deshalb unterdrücke ich es, wenn ich mal traurig bin oder wütend.

Ich denke in dem Moment:

Andere Menschen brauchen mich.

Anderen geht es viel schlechter als mir, daher kann ich mich zurückstellen.

Von Zeit zu Zeit melden sich dann Emotionen, die mir zeigen, ich soll mehr auf mich selbst schauen.

Dann erkläre ich aber immer das andere mich dringender brauchen als ich mich.

Also mache ich so weiter wie bisher.

Ich bin ja auch nicht so wichtig, oder?

Ich finde, Leute, die man mag, denen sollte geholfen werden, auch wenn ich mich dabei selbst unterdrücke.

Oder nicht?

In mir brodelt es wie in einem Vulkan

Ich lache reichlich und mache viel Spaß. Doch brodelt etwas in mir, eine Energie, vor der ich selbst Angst habe. Ich schaue immer, dass ich bloß nicht explodiere, denn dann könnte es gefährlich werden. Ich fühle oft genug, wie die Wut in mir aufsteigt, da drücke ich sie sofort dorthin, wo sie herkommt.

Denn was können bitte andere für diese Gefühle? Nichts!

Meine Angst besteht darin, dass ich das Brodeln eines Tages nicht mehr unterdrücken kann, es jemand abbekommt, der/die es nicht verdient hat.

Oder gibt es Menschen, die verdient es hätten?

Nein!

Ich verleugne, dass ich dieses Gefühl in mir trage.

Doch für welchen Preis?

Dadurch kann ich niemals mein wahres Gesicht zeigen.

Ich habe einfach Angst vor mir und meinen Gefühlen.

Bin ich das wirklich?

Oder ist dieses Gefühl aus einer längst vergessenen Zeit?

Sollte ich die Wut ausleben?

Oder sollte ich sie dort lassen, wo sie ist?

Trauer, Wut, Verschwiegenheit

Tiefe Trauer umgibt mich, ich kann sie aber nicht heraus lassen, sie würde mich überrollen. Davor habe ich große Angst. Dazu kommt noch eine Wut, die in meinen Bauch liegt. Mir wurde immer gesagt: Sei ein braves Mädchen. Genau dort passt die Wut nicht hin.

Daher habe ich meine Gefühle verschwiegen, immer in mich hinein gefressen, bis es zur Trauer wurde, die ich dann heraus lassen konnte. Diese hat mich überrannt und das hielt ich nicht aus.

Unterdrückt, alles unterdrückt.

Die tiefe Trauer überkommt mich. Sie schleicht sich von hinten an, wenn ich es am wenigsten erwarte, und überfällt mich. Sie nimmt mich komplett ein, sodass ich das Gefühl habe, keine Luft mehr zu bekommen.

Meine Tränen kann ich dabei nicht mehr zurückhalten, sie fließen wie von selbst. Kommt dieser Moment, muss ich schnell handeln, sonst geht gar nichts mehr. Ich unterdrücke die Gefühle, wenn es noch möglich ist.

Meine größte Angst ist dabei, dass ich eines Tages einen solchen Gefühlsanfall nicht überlebe, dass ich sterben muss. Auch wenn jeder sagt, das gibt es nicht. Doch ein Gefühl zeigt mir, dass es möglich ist, deshalb glaube ich daran.

Ich sollte mich öffnen.

Die volle Palette
Wut, Trauer, Schmerz & Liebe

Die ganze Palette kann ich ausfüllen.
Wut und Trauer habe ich wegen der Schmerzen.
Ich frage mich, womit habe ich das denn verdient?
Ich habe nie jemandem etwas getan.
Warum müssen mich dann solche Schmerzen plagen?
Die Liebe ist immer vorhanden und ist ein wundervolles Gefühl. Denn die Liebe akzeptiert alles und jeden, wie sie/er ist.
Sie bewertet nicht, sie liebt ohne Vorurteil und das ist das Schöne an diesem Gefühl.

Die Gefühle in allen Facetten

Ich trage alle Gefühle in mir.

Trauer, Wut, Glück und Liebe.

Doch die negativen Gefühle verdränge ich lieber, denn die tun mir nicht gut.

Was mir dabei vorkommt, ist, dass ich dadurch das Glück und die Liebe auch nicht so fühlen kann, wie ich sie fühlen könnte.

Ab und zu fühle ich mich ohnmächtig, als wären alle Gefühle vermischt.

Bei der Liebe wirkt die Trauer mit.

Beim Glück die Wut.

Kann ein Mensch sich voll in der Liebe fühlen und gleichzeitig traurig sein?

Wie kann das pure Glück empfunden werden, wenn gleichzeitig am liebsten vor Wut etwas zusammengeschlagen werden möchte?

Wie das alles vor sich geht, weiß ich nicht, aber ich erlebe es.

Gefühlswirrwarr

Seit ich ein Kind bin, wird mir erklärt, was ich fühlen darf und was nicht. Aber das kennt wohl jeder. Schreie ich, wird abgemahnt: Sei nicht so wütend. Weine ich, sagen die Erwachsenen sofort: Komm, heul nicht schon wieder.

Irgendwann wird damit angefangen, dies zu akzeptieren und einfach all die Gefühle zu unterdrücken, die keiner sehen möchte.

Genauso habe ich es gemacht. Ist viele Jahre gut gegangen. Die Gefühle melden sich zwar hin und wieder, aber sonst sind sie ganz brav in ihrem Kämmerchen und geben Ruhe.

Seit Kurzem erfahre ich etwas anderes, denn wenn ich Glück empfinde, schwingt die Wut mit.

Bin ich in der Liebe, kommt auch die Trauer zum Vorschein.

Eines Tages reichte mir dieses Gefühlschaos.

Was ist los mit mir?

Ich befinde mich in der Liebe, was macht plötzlich die Traurigkeit da?

Eine leise Stimme machte sich in mir breit.

Hallo, ich bin die Trauer. Ich möchte halt auch gefühlt werden. Ich bin jetzt schon so lange in dem einsamen Kämmerchen tief in dir eingesperrt. Jetzt dachte ich mir, ich nehme mir einfach meinen Platz. Wenn du es zulassen würdest mich bewusst zu fühlen, könnte ich verschwinden. Doch du sperrst mich ständig ein, somit komme ich so lange, bis ich frei bin.

Jetzt war ich sprachlos und verstand, dass ich so nicht weiter machen konnte. Genau durch diese Einsicht öffnete ich in diesen Moment die Tür für die Trauer. Tränen flossen. Schnell lief ich zur Toilette, damit niemand aus der Familie mitbekam, dass ich grundlos weinte. Obwohl grundlos, war es ja nicht.

Ich befand mich auf dem Weg des Loslassens.

Die Emotionen dauerten eine gefühlte Ewigkeit. Aber umso mehr ich die Trauer zu ließ, umso leichter fühlte ich mich.

Die Liebe kam zum Vorschein.

Mehr als ich sie je zuvor gespürt hatte.

Ich nahm mir vor, sollte die Wut an die Tür klopfen, auch dieses freizulassen.

Der Tropfen auf dem heißen Stein

Meine negativen Gefühle sammeln sich.

Dabei denke ich: Ach komm, tu nicht so, das ist ja nicht so schlimm.

Das Ganze geht eine Weile gut, bis es plötzlich in mir explodiert.

Schlagartig prallen alle Gefühle aufeinander. Traurigkeit, wütend und verzweifelt sein zugleich.

Das fühlt sich an, als würde ich innerlich explodieren.

Ich unternehme einen Fluchtversuch, doch der funktioniert nicht. Es fühlt sich an, als würde sich jemand anschleichen und mich von hinten aus dem Nichts überfallen.

Das Schlimmste dabei ist, dieser Zustand wird von Situationen ausgelöst, die gar nicht schlimm sind.

Das Gute daran, nach diesem Zustand geht es mir gut, wie sonst nie zuvor. Deshalb freue ich mich oft sogar, wenn dieses Gefühlschaos anfängt, und denke mir dabei: Endlich ist es wieder so weit, ich kann meine Gefühle wieder heraus lassen.

Harte Schale weicher Kern

Um auf dieser Welt zu überleben, muss sich eine harte Schale zugelegt werden. Ich öffne mich, mit gutem Grund nicht jedem. Jede Person, die meinen weichen Kern kennt, könnte diesen gegen mich verwenden.

Oder nicht?

Deshalb zeige ich mich nur den Menschen, wie ich wirklich bin, denen ich voll und ganz vertraue. Das sind wenige. Zu oft machte ich die Erfahrung, wenn ich anders handelte, dass ich sehr verletzt worden bin.

Ich bin eine Kämpferin, mit schwacher Seite. Stark ist nur der Mensch, der auch seine Schwächen kennt und diese für sich einsetzt. Oft muss aufgegeben werden, um einen Kampf zu gewinnen. Kling nicht richtig, kommt jedoch vor.

Öfters habe ich einen Kampf sein lassen, da mir bewusst war, dass ich ihn nicht gewinnen konnte. Doch am Ende habe ich dadurch gewonnen.

Traurig schaue ich auf fröhliche Zeiten zurück. Warum sind diese Zeiten vorbei?

Sicher freut es mich auch, dass ich sie erleben durfte. Der Schwerpunkt liegt aber im erleben durfte.

Warum ist heute alles so schwer?

Das frage ich mich tagtäglich.

Da kommt mir nur in den Sinn: Weil es halt so ist. Zu viel ist gewesen, um diese Leichtigkeit wieder fühlen zu können.

Ich fühle mich wie ein Vulkan, der mit Emotionen gefüllt ist. Obendrauf sitzt die Angst, die sie alle zurückhält. Würde die Emotion Angst den Vulkan nicht bewachen, würden alle auf einmal herausstürmen und mich überwältigen. Sicher würde ich einen Nervenzusammenbruch erleiden, so schlimm wären diese Emotionen. Aus diesem Grund lasse ich einfach alle dort, wo sie sich befinden. Es kostet zwar viel Kraft, das Vorhaben so beizubehalten, aber anders geht es leider nicht, das ist das Problem.

Tiefe Trauer überkommt mich von Zeit zu Zeit. Ich könnte weinen den ganzen Tag, doch zeige es nicht. Ich mache es mir nicht mal selbst bewusst. Genau das macht es schlimmer. Dadurch wird es stärker. Eingestehen möchte ich es mir selbst nicht, da ich Angst habe, dass ich dann auch zugebe, dass ich schwach bin. Eine Schwäche, die ich mir nicht leisten kann. Sage ich mir selbst. Und weine ich ab und zu, wenn ich ganz allein bin, dann nicht, um die Trauer zu fühlen, sondern damit es erträglicher wird. Nach kurzer Zeit schlucke ich die Sorgen, Probleme hinunter, wische meine Tränen weg, setze ein Lächeln auf und gehe hinaus in die Welt, in der ich keinem zeigen brauche, wie es in mir wirklich aussieht. Dabei fühle ich mich sogar wohl, denn muss jeder wissen, wie es mir geht? Ich glaube nicht.

Zulassen der Gefühle, egal wie tief sie sitzen, ist die wahre Stärke. Trauer hat immer einen Grund, den ich gar nicht wissen muss. Aber ich sollte diese Trauer zulassen.

Ich bin nicht schwach, wenn ich weine, sondern ich bin stark. Und doch mache ich es richtig, sehen muss es nicht jeder.

Angst

Angst zu scheitern.

Wird es was, oder wird es nichts?, frage ich mich wiederholend.

Was wenn ich mir nur etwas vormache?

Was wenn ich verletzt werde?

Das sind Fragen, die mir ständig durch meine Gedanken wirbeln.

Sobald sich ein warmes, wundervolles Gefühl in mir auftut, könnte ich die gesamte Welt umarmen. Es ist wundervoll. Wenn diese Angst, bloß nicht immer und immer wieder auftauchen würde. Tage gibt es, da habe ich nur das wundervolle Gefühl.

Prompt kommt mir in den Sinn, dass ich es besser lassen sollte mit dem wunderbaren Gefühl, weil dadurch bin ich oben und falle schon bald wieder tief hinab.

Ich habe einfach Angst davor, dass ich scheitere, bevor es überhaupt richtig losgeht. Und ich darauf komme, dass ich mir etwas vorgemacht habe.

Zum Glück gibt es noch einen anderen Teil in mir, der sich dann zu Wort meldet.

Was ist, wenn ich nicht scheitere?

Wenn es funktioniert?

Wenn ich mir aufhöre etwas vorzumachen?

Genau dieser Teil lässt mich hoffen und weiter machen, das schöne Gefühl zu genießen.

Angst vor Verletztheit

Tief in mir fühle ich Angst vor dem Verletzt werden. Deshalb stoße ich die Personen von mir ab, denn sobald ich zu viel Nähe aufgebaut habe, kommt die Angst davor mich zu verlieren.

Kaum ist die Distanz da, meldet sich die Sehnsucht, die nach der Nähe schreit.

Solch ein Hin und Her kann einen schon verrückt machen.

Ich zögere aus Angst vor
Fehlentscheidungen

Schon oft bin ich in Situationen geraten, in denen ich die Chance bekam, etwas Neues, etwas Großes zu machen. Und jedes Mal passierte, dass ich zu lange darüber nachdenke, bis es schlussendlich zu spät für eine Entscheidung war.

Mein Problem besteht darin, dass ich Angst habe eine falsche Entscheidung zu treffen und ich dabei etwas verlieren könnte.

Zum Beispiel Geldinvestitionen.

Hast du schon mal falsch investiert?

Wenn ja, schützt dich der Verstand davor wieder zu verlieren?

Wie wäre es von nun an Summen zu investieren, bei denen es dir bei einem Verlust nicht wehtut?

Genau dann lernt der Verstand, dass eine Investition nicht immer schief gehen muss, und du kannst es zulassen.

Angst nicht genügend zu sein

Es gibt immer einen Menschen der besser ist, wurde mir beigebracht. Meiner Meinung nach sollte man bei dem Thema Berufung der Beste sein in seinem Fach oder nicht? Aus diesem Grund möchte ich gar nicht erst mit der Berufung anfangen, da ich weiß, es gibt viel bessere Vermittler als mich.

Wenn ich nicht der Beste bin, was bringt es dann überhaupt zu starten?

Leute gehen doch immer zu den besseren Anbietern und ich werde auf der Strecke bleiben oder nicht?

Dabei spielt die Angst eine große Rolle, dass ich eines Tages aufwache und merke, es war gar nicht meine Berufung.

Im Endeffekt habe ich meine Zeit verschwendet, oder?

Diese beiden Themen sind es, die mich daran hindern überhaupt erst anzufangen. Obwohl ich gerne mache, was meine Berufung ist.

Es ist besser loszulegen und irgendwann zu merken es ist der falsche Weg gewesen, als nie zu starten und sich ständig darüber Gedanken zu machen.

Besser sein als andere Menschen ist ein ständiger Gedankenbegleiter.

Eigentlich gibt es kein besser oder schlechter.
Jeder Mensch ist einzigartig, der seiner Berufung folgt und sie ausübt. Und es gibt genug Kunden, die sich aussuchen können, welcher Helfer, in verschiedenen Lebenslagen zu ihnen besser passt und dadurch hätte jeder Arbeit, in seinem angebotenen Bereich.

Die Angst vor dem Unbekannten

Mich verfolgt eine große Angst.

Sie lässt mich erstarren, sodass ich gar nichts tun kann.

Ich kann nicht essen und schlafen fällt mir schwer.

Die Angst hat mich im Griff, sodass ich nicht weiß, was ich machen kann.

Ist diese Angst begründet?

Ist diese Angst unbegründet?

Soll ich ihr vertrauen?

Oder möchte sie mich nur in die Irre führen?

Früher kannte ich das gar nicht, dass ich so fühlen kann.

Jetzt lässt die Angst mich nicht mehr los.

Ich frage die Angst, was sie mir sagen möchte.

Höre auf, gegen die Angst anzukämpfen.

Ich bedanke mich bei der Angst, dass es sie gibt. Denn Angst ist niemals gegen einen, sondern für einen.

Also vertraue und lass dich auf sie ein.

Die Starre

Die Starre in meinem Leben ist schon fast unerträglich. Selten passiert etwas und wenn nichts Gutes.

Aber warum ist ein Leben starr?

Oder besser gefragt; warum fühlt sich ein Leben starr an?

Warum kann im Leben nicht alles supergut sein?

Sicher ist es normal, dass ab und an etwas Negatives passiert, aber muss es immer so sein?

Kann sich dazwischen nicht auch mal etwas Positives ereignen?

Ich fühle mich bei all dem ab und zu ausgelaugt, dass ich nicht mehr weiß, was zu machen ist.

Gott sei Dank habe ich aber für die starre Zeit eine Strategie gefunden, dass ich schnell wieder auf die Höhe komme.

Ich tue mir etwas Gutes. Die Welt um mich herum schalte ich aus, die Musik an und das funktioniert besonders gut.

Doch hätte ich mein Leben gern etwas positiver.

Was kannst du bei einer Starre machen?

Starre bedeutet: Alles bleibt gleich, ist erstarrt.

Viele Personen würden das als gut empfinden, doch ein Mensch bleibt niemals stehen, denn er entwickelt sich immer weiter.

Bei der Gesundheit bedeutet es, dass du erstarrt bist. Es wird nichts schlechter, aber auch nichts besser werden. Es bleibt gleich. Die Starre hält andere Gefühle, wie Trauer und Wut zurück, die sowohl etwas ausrichten können. Eine Zeit lang ist Starre von Vorteil, um sich von diesen beiden Gefühlen zu erholen. Auf längere Zeit ist es jedoch schädlich, da die Gefühle immer stärker werden und mehr anrichten könnten.

Was kannst du bei einer Starre machen?

Dich fragen, was war so schlimm, dass du die Gefühle nicht ausgelebt und somit frei gelassen hast.

Das solltest du dich ohne jegliche Bewertung fragen und auf dich wirken lassen.

Kommt die Antwort, so kannst du die erstarrten Gefühle loslassen.

SEHNSUCHT

Was ich brauche

Zuneigung und Liebe. Einen Menschen, der mich so nimmt, wie ich bin und liebt.

Danach habe ich Sehnsucht.

Sehnsucht

Ich verspüre das Gefühl der Sehnsucht.

Die Sehnsucht nach etwas Neuem.

Ich möchte etwas erleben, was mich aus dem Alltagstrott heraus holt. Ein Gefühl, dass mir sagt, dass sich etwas auf dem Weg zu mir befindet. Worum es sich handelt, oder wann es zu mir kommt, möchte ich nicht wissen. Das Gefühl, dass etwas auf mich zukommen könnte, fühlt sich wundervoll an, dass mir egal ist, wann es kommt, solange ich es fühlen darf. Es lässt mich aufleben. Als wäre ich jahrelang in Gefangenschaft gewesen und jetzt frei. Es fühlt sich wie die pure Freiheit an. Irgendwie möchte ich dieses gute Gefühl festhalten, doch ich weiß, das funktioniert nicht. Deshalb lasse ich es fließen im Wissen, dass es die Ereignisse in meinem Leben anziehen wird, die es noch mehr verstärken werden.

FREUDE, GLÜCK, WÜNSCHE, LIEBE, DUALSEELE

Mein Herz hüpft

Mein Herz hüpfte vor Freude, als es mitbekam, dass ich es lieb habe.

Lange Zeit habe ich mein Herz leider vernachlässigt, ihm viel zu wenig Aufmerksamkeit geschenkt. Dadurch wurde es traurig und schickte mir wiederholend als Botschaft die Traurigkeit.

Doch heute Morgen stand ich auf und mein erster Impuls war, dass ich sagte: »Liebes Herz, danke, dass es dich gibt, ich liebe dich über alles.«

Zugleich hielt ich meine Hand auf meine linke Brustseite.

Ich wusste davor gar nicht das mein Herz ein Eigenleben hat. Aber das Herz zeigte es mir in dem es schneller schlug und mir ein Gefühl der Freude und Ausgeglichenheit schickte.

Ich erlebte einen genialen Tag.

Jedem, dem ich begegnete, schenkte ich ein Lächeln.

Auf der Straße fand ich zehn Euro.

Ich wurde sogar zu einem Kaffee eingeladen.

Und ständig meldete sich mein Herz mit Freude und Liebe.

Seit diesem Erlebnis sage ich jeden Morgen, Mittag, Abend und dazwischen, wenn mir danach ist, dass ich mein Herz lieb habe. Jetzt sind wir die besten Freunde.

Doch wisst ihr was?

Natürlich gibt es schlechte Tage und Dinge passieren, die nicht gut sind. Aber es macht mir nichts mehr aus.

Ich habe einen besten Freund an meiner Seite, der immer für mich da ist.

Glück

Das Schönste auf der Welt ist Glück.

Ab und an schaut es vorbei. Nur warum bleibt es dann immer nur kurz?

Ich versuche es festzuhalten, doch umso mehr ich das versuche, umso schneller ist das Glück verschwunden.

Oder liegt das Geheimnis darin einfach den Moment zu genießen und es dann ziehen zu lassen?

Das Glück

Es schleicht sich von hinten an, überfällt einen. Das schönste Glück besteht darin, wenn es an nichts gebunden ist.

Deine Wünsche sprechen zu dir

In einem Leben erfüllen sich viele Wünsche.

Einige jedoch nicht. Dann richtest du deine Aufmerksamkeit automatisch auf die Wünsche, die sich nicht erfüllen. Verständlich, denn dir fehlt etwas. Ständig versuchst du sie zu erfüllen, doch es klappt nicht.

Dann fragst du dich jedes Mal, warum funktioniert es bei den anderen Menschen und bei mir nicht?

Ich mache genau dasselbe, oder nicht?

Hallo, deine Wünsche sprechen zu dir. Wir sind bereit, dass sie in Erfüllung gehen. Wir haben jedoch ein Problem, denn, da du uns festhältst, können wir nicht ins Universum hinaus. Dennoch versuchen wir es wiederholend, schließlich möchten wir dich glücklich machen. Doch du ziehst uns ständig zurück mit deinen Gefühlen der Angst und des Zweifelns. Diese beiden Gefühle mobben uns regelrecht, da sie uns zurückhalten.

Bitte, sprich mit deinen Gefühlen, dass sie uns in Ruhe lassen und auch nicht auslachen. Dazu kommt dein Verstand, er steckt mit den Gefühlen unter einer Decke. Dadurch kommt es, dass Wünsche weiterziehen und bei anderen in Erfüllung gehen. Das wiederum macht uns traurig, da wir dazu da sind, dass sie bei dir in Erfüllung gehen.

Bitte, höre auf nachzudenken, damit setzt du den Verstand außer Gefecht. Dadurch schaltest du die Angst- und Zweifelgefühle aus.

Den Wunsch selbst brauchst du nicht zu wiederholen, denn wissen wir ja bereits und wir sind schon vor Ort.

Wir senden dir das nötige Vertrauen und dadurch erfüllen sich deine Wünsche.

Danke und in Liebe, deine Wünsche.

Liebe

Tief in mir ist die Liebe stark ausgeprägt.

Da aber die Traurigkeit sie überdeckt, finde ich viel weniger Zugang zu ihr, als ich sollte, nur warum?

Es ist ja nur ein Gefühl, oder nicht?

Doch bin ich mir bewusst, die Liebe ist da und sie ist stark.

Liebe wohnt in mir

Die Liebe hat es sich in meinem Herzen gemütlich gemacht. Jedes gesprochene Wort, jede Tat, die ich ausführe, wird mit Liebe gemacht.

Das merken die Menschen um mich herum. Genau aus diesem Grund sind so viele bei mir, sie spüren die Liebe, die ich ausstrahle.

Liebe zu mir und allen anderen Menschen.

Ich liebe das Leben und das Leben liebt mich …

Conny und die Liebe

Tief in ihr drinnen versteckt sich ein Gefühl, das sich Liebe nennt.

Diese schreit laut: Lass mich raus und fühle mich einfach.

Doch Conny hatte bereits viele Verletzungen in ihrem Leben erlebt. Sie unterdrückt dieses liebende Gefühl, denn sie hat Angst es herauszulassen und dann wieder verletzt zu werden.

Doch der Schrei, der Liebe, wird lauter.

Eines Tages konnte Conny es nicht mehr unterdrücken.

Hey Liebesgefühl, durch dich habe ich schon viele Schmerzen erlebt, deshalb lasse ich dich lieber dort im Tiefen versteckt.

Schau Conny, du siehst das falsch. Du hast noch nie durch mich Schmerzen erleben müssen. Das war nur durch die gegebenen Umstände gekommen. Wie soll ich dir denn Schmerzen zufügen? Ich bin ja nur das Gefühl Liebe, bekam sie zur Antwort.

Ja, aber nach der Liebe folgte die Trauer und die Wut, beides hatte mir Schmerzen bereitet.

Langsam war die Liebe genervt, von dieser Auseinandersetzung.

Auch das interpretierst du falsch. Trauer und Wut sind auch nur Gefühle und können dir nichts Böses antun.

Gefühle sind nichts anderes als Energie und diese muss fließen. Schmerzen waren aufgekommen, weil du gegen deine Gefühle angekämpft hattest.

Hättest du sie zugelassen, dann wäre der Schmerz von kurzer Dauer gewesen.

Conny war sprachlos, denn die Worte der Liebe fühlten sich stimmig an.

Nach Ewigkeiten konnte sie die Liebe wieder zulassen.

Es fühlte sich gut an, besser als jemals zuvor.

Sehnsucht nach der Liebe

Verflixt die Liebe wirkt unerreichbar.

Die Sehnsucht nach der wahren Liebe wächst an. Die Angst sie nie zu erleben, wird leider zugleich auch stetig größer. Seit Wochen beschäftige ich mich damit, dass der Zustand besser wird. Doch umso mehr ich versuche es zu verändern, umso mehr werde ich daran erinnert, dass die wahre Liebe noch nicht da ist.

Ich wünsche es mir so sehr und weiß nicht, was ich machen soll.

Das Loslassen von der Sehnsucht fällt mir schwer.

Liebe, Beziehung & Trennung

Angst allein zu sein.

Allein zu sein ist schon schlimm.

Sich allein zu fühlen, obwohl man nicht allein ist, ist viel schlimmer. Die Angst, niemand Liebenden zu finden ist groß.

Ewig allein zu bleiben ist das Schlimmste, was ich mir vorstellen kann. Ich habe Angst, dass niemand mehr auf der Bildfläche erscheint. Angst davor zu vereinsamen. Angst davor nie mehr geliebt zu werden. Deshalb halte ich an der Angst fest, auch wenn ich mich allein fühle, obwohl ich nicht allein bin. Da ist die Angst größer, nie mehr jemanden zu finden, als das Gefühl allein zu sein.

Der Schmerz ist unerträglich.

Täglich schießen mir die Tränen in die Augen, obwohl ich das gar nicht möchte. Ich versuche sie zu unterdrücken, das klappt jedoch nicht immer.

Ich wünsche mir glücklich zu sein, wieder lachen zu können.

Da kommt mir der Gedanke:

Habe ich das überhaupt verdient?

Darf ich überhaupt noch lachen?

Du bist ja nicht mehr da.

Etwas in mir sagt, dass ich kein Recht darauf habe glücklich zu sein.

Es ist, als wäre in dem Moment, als du gegangen bist, auch ein Teil von mir gegangen.

Oft frage ich mich, was habe ich angestellt, dass ich das erleben muss? Ich habe gar niemanden etwas getan.

Langsam macht sich eine Starre in mir breit, die mir mehr Angst macht als die Traurigkeit einer zerbrochenen Beziehung.

Verliere ich jetzt meine Gefühle?

Was wenn, ja?

Bin ich dann überhaupt noch ein Mensch oder werde ich zu einer Maschine?

Ich muss zugeben, dass diese Gefühlskälte auch fein ist, sie gibt mir von dem Erlebten eine Pause, die ich dringend benötige. Sonst würde ich langsam zugrunde gehen.

Wird mein Leben je wieder gut?

Oder bleibt das jetzt bis zum Ende meines Lebens so?

Daran möchte ich gar nicht denken. Also lebe ich Tag für Tag, anders funktioniert das nicht.

Zu weit im Voraus denken wäre zu viel.

Sexualität

Meine größte Sehnsucht besteht darin, dass ich mich fallen lassen kann. Da funkt mir aber ständig mein Verstand dazwischen, denn er sagt mir immer, was ich jetzt fühlen soll, statt es wirklich zu fühlen. Ich denke viel zu viel. Mich macht das Ganze oft verrückt. Ich weiß aber nicht, was ich da machen soll, um anders damit umzugehen.

Loslassen, fallenlassen …

Dualseele

Eine Dualseele wird auch Zwillingsseele genannt. Sie beschreibt eine Seelenpartnerschaft, eine Art Seelenverwandtschaft. Es wird behauptet, dass eine perfekte Ergänzung zu unserer eigenen Seele nur eine Dualseele sein kann, denn diese soll denselben Ursprung haben wie unsere eigene.

Dieses Hin und Her macht mich traurig.

Ich bin den Tränen nahe und doch empfinde ich große Freude.

Dieses Gefühlschaos kann kein Mensch verstehen, der es nicht selbst erlebt hat.

Ich liebe und hasse ihn zugleich. Komme ich näher, rückt er weg. Kommt er näher, rücke ich weg.

Beides mal werde ich traurig.

Ich möchte mich nicht entfernen, doch mein Inneres drängt mich dazu. Auch wenn der Verstand dagegen spricht.

Ständiges daran zweifeln. Mal möchte ich alles hinschmeißen, da es zu nervenaufreibend ist.

Kurze Zeit darauf möchte ich ihn nie wieder gehen lassen.

Bleibt das für immer so?, frage ich mich.

Werden wir bis ans Ende unserer Tage dieses Hin und Her erleben?

Oder wird sich das bessern?

Werden unsere Ängste vor Nähe geheilt?

Viele Fragen und zahlreiche Antworten. Die verwirren mich noch mehr, als würde es gar keine geben.

Das Herz weiß, was es will.

Mein Herz schreit ganz laut nach Nähe.

Erhält es die Nähe, bekommt es sofort Angst und geht auf Rückzug.

Kaum habe ich einen Abstand geschaffen, dann schreit es aber schon wieder nach der Nähe.

Das macht mich verrückt und mein Gegenüber dazu.

Doch ich kann nicht aus meiner Haut heraus.

Was soll ich machen?

SCHATTEN & LICHT

Vom Schatten zum Licht

Vom Schatten zum Licht.

Ich fühle mich wie im Schatten, als würde mich kein Mensch sehen.

Oder bilde ich mir das nur ein?

Oder möchte ich gar nicht gesehen werden?

Ach, ich weiß nicht, was ich möchte.

Ich möchte diese komischen inneren Gefühle loswerden. Als wäre ich mal im Schatten und mal im Licht. An Tagen, in denen ich nicht gesehen werden möchte, kommt bei mir die Meinung durch, dass ich gesehen werde. Somit würde ich mich im Licht befinden. Doch in dem Moment fühlt sich das Licht erst recht wie der Schatten an.

Kann ich nicht einfach normal wie alle anderen sein?

Denke ich über alles eine Weile nach, frage ich, was ist denn normal?

Durch das Hinterfragen merke ich, dass ich mein Leben liebe, so wie es ist, und normal möchte ich dann nicht mehr sein.

Aber einfacher dürfte alles sein und das Gefühlswirrwarr würde verschwinden. Dann wäre alles gut.

Tiefe Traurigkeit schwebt über mir. Nein, weder in mir noch neben oder sonst wo. Sie schwebt über mir wie eine dunkle Wolke. Dann komme ich mir vor, wie manche Comicfigur, die eine Regenwolke über sich hat.

Liest sich lustig, oder?

Doch das ist es nicht, da es ständig regnet und ich immer nass bin. Weil mich diese Wolke stark mitfühlen lässt, muss ich grundlos weinen.

Was ist mit mir los?

Das Leben im Licht

Ich liebe das Licht, es wärmt und ruft gute Gefühle in mir hervor. Doch von Zeit zu Zeit ziehen Schatten auf, die Kälte bringen. Dabei fällt mir auf, dass die Schatten genauso gebraucht werden, wie das Licht.

Daher freue ich mich umso mehr darauf, wenn wieder die Sonne scheint, nachdem eine Zeit lang Schatten da gewesen sind.

Oft habe ich mich schon gefragt, wie langweilig das Leben wäre, wenn alles ständig gut laufen würde. Würde da nicht die Herausforderung im Leben fehlen?

Ein Problem ist, dass wir uns mit dem Negativen mehr beschäftigen, als auf das Gute zu schauen.

Licht und Schatten

Ich lebe beides.

Wenn die Schatten kommen, habe ich keine Angst, denn ich weiß sie sind für mich und nicht gegen mich.

Sie wollen mir zeigen, was ich machen kann, um mich weiterzuentwickeln.

Auch wenn ich dann manchmal stundenlang da sitze und weine, freue ich mich darüber, denn ich weiß danach werde ich wieder glücklich sein.

Wenn ich wütend bin, nehme ich diese Energie und wandle sie in etwas Positives.

Es gibt Tage, an denen ich nichts fühle. Diese nutze ich als Pause von allem, was zuvor war und was kommen wird. Ich bin mir bewusst darüber, dass tief in mir einiges steckt, was heraus möchte.

Das kommt alles zur richtigen Zeit, sodass ich es dann auflösen kann.

Das Licht im Schatten

Innerlich weine ich, doch im Außen lächle ich.

Im Inneren weint ein Anteil über all das, was in der Beziehung nicht so rund gelaufen ist, wie ich es mir gewünscht habe.

Doch im Außen lächle ich genau über das Gleiche.

Im Nachhinein hat es sich schon oft gezeigt, dass genau das, dass Falsche für mich gewesen wäre.

Doch weint mein Inneres immer noch über Dinge, die sich nicht erfüllt haben, ich mir aber gewünscht habe.

Schaue mal, für was das gut war, ich bin jetzt, genau dort zu der Zeit, wo ich hingehöre, spreche ich zu meinem Inneren.

Und doch weint das Innere weiter, da es nicht loslassen kann. Ich muss das Licht so oft und so lange scheinen lassen, bis die Schatten vergehen.

Damit das Innere versteht, dass alles richtig ist, so wie es ist.

Doch es passiert keine Veränderung, egal wie sehr ich daran festhalte und wie lange ich es schon versuche.

Das Innere weint weiter, es hält fest, aber wie kann ich es loslassen?

Licht = gutes Gefühl
Schatten = ungutes Gefühl

Ich habe Tage, da lebe ich im Licht, also in meinen guten Gefühlen. Da geht es mir gut und ich könnte die ganze Welt umarmen.
Dann kommen aber wieder diese Tage, da lebe ich im Schatten, an denen funktioniert wirklich gar nichts. Ich fühle mich schlecht, mit dem unguten Gefühl.

DAS LEBEN

Das ganze Leben

Das ganze Leben ist ein Chaos.

Ich sehne mich nach Ordnung.

Umso mehr ich mich danach sehne, umso mehr kommt das Chaos.

Da kommen immer Gefühle der Trauer auf.

Womit habe ich das verdient?

Warum muss bei mir immer alles ein Chaos sein?

Hinter der Trauer steckt eine Angst, dass es nie besser wird.

Dass ich nie ein geordnetes Leben haben werde.

Nimmst du die Trauer und Angst zur Seite, kommt die Verzweiflung und Ungeduld durch.

Was soll ich machen?

Wie kann ich alles klären?

Umso mehr ich das frage, umso weniger bekomme ich eine Antwort.

Das Leben mit seinen Wolken

Zieht eine Gewitterwolke auf, dann laufe schnell und stell dich unter, denn wenn sie dich erwischt, ist alles vorbei. Warte ab, bis sie vorüber gezogen ist, dann kannst du deinen Weg weiter gehen.

Aber bleibe nie draußen, denn das überlebst du nicht. Die Wolke überfällt dich, nimmt dich auf und lässt dich nie wieder im Leben los. So ist es mir ergangen. Ich habe mich ihr einmal gestellt und bin sie nie wieder losgeworden. Seitdem ist mein Leben der reinste Kampf, jedes Gefühl des Glückes unterdrückt sie, da sie immer präsent ist.

Es gibt Momente, in denen ich denke, sie ist weg, genau da kommt sie wieder von hinten heran und überfällt mich.

Das Böse daran ist, dass Verstecken funktioniert nicht mehr, denn sie findet mich immer und überall.

Das Seltsame am Leben

Wir haben nur ein Leben. Doch lebt fast jeder von uns, als hätte er zehn Leben.

Ist uns Menschen eigentlich bewusst, dass es jeden Tag vorbei sein könnte?

Wenn, ja …

Warum lebt dann jeder derart im Stress und genießt sein Leben nicht einfach?

Sicher wird es immer Dinge geben, die gemacht werden müssen, aber oft zwingen wir uns dazu, sie zu machen.

Ob dies uns auf Dauer guttut?

Sicher nicht.

Das Leben nimmt und das Leben gibt

Ab und zu gibt das Leben mir etwas und dann nimmt es mir etwas.

Ist das normal?

Ja.

Die Dinge, die mir oft genommen wurden, sind mir wichtig gewesen und daher bin ich dann ziemlich lange traurig darüber.

Okay, dass es einen traurig macht, ist sicher nachvollziehbar, nur dass es lange wehtut?

Das liegt an mir.

Ich möchte loslassen, aber schaffe es nicht.

Eines Tages gibt das Leben wieder.

Ich genieße das Glück, bedanke mich dafür und lasse es ziehen. Hier kann ich loslassen und freue mich darauf, wenn es wiederkommt.

Das Leben ist ein Auf und Ab

Mal geht es einem gut in seinem Leben, dann kann
es steil bergab gehen.
Bitte vergiss nicht in der guten Zeit, dass sie nicht ständig von Dauer sein wird. Doch verzweifle nicht in den schlechten Zeiten, gib nicht auf, auch sie gehen vorbei.

Diese Erfahrung möchte ich weitergeben. Leider habe ich dabei Fehler gemacht, die ich nie wieder rückgängig machen kann, das tut mir sehr leid. Das werde ich jedoch nie zugeben, dafür bin ich zu stolz. Ich kann meine Fehler nicht zugeben, denn das würde zeigen, dass ich schwach bin. Schwäche ist der Untergang. Wurde mir in meinem Leben des Öfteren auf diese Weise gezeigt, daher habe ich beschlossen, Schwäche nicht mehr zu zeigen.
Es ist viel passiert, was mich zu dem gemacht hat, wie ich heute bin. Oft wünsche ich mir ich könnte anders sein. Bedauerlicherweise, so sehr ich das versuche, es funktioniert nicht. Das bedeutet nicht, dass ich, die Personen nicht liebe, das tue ich, und zwar sehr. Bitte verzeiht mir meine Fehler und versteht, dass ich einfach nicht aus meiner Haut kann
…

Das Licht leuchtet in mir, doch ich fühle es nicht. Umso mehr ich versuche es zu fühlen, umso weniger fühle ich es.

Langsam zweifle ich daran, dass überhaupt das Licht in mir leuchtet. Doch ist da ein Gefühl, das mir signalisiert, es leuchtet. Dieses Gefühl sagt mir: Lass los, was dich festhält. Gib dich hin und du wirst es fühlen.

Das versuche ich seit geraumer Zeit, doch umso mehr ich es versuche, umso weniger passiert etwas. Dabei überkommt mich die Trauer der Ewigkeit, es fühlt sich an, als müsste ich tausend Jahre weinen, bis die Traurigkeit aufhört, deshalb fange ich erst gar nicht an. Tausend Jahre war übertrieben, aber ewig wäre zu lange. Sehnsucht nach der Freiheit. In mir brennt eine Minikerze und sie nennt sich Sehnsucht nach der Freiheit. Freiheit in allen Bereichen. Doch sie ist umgeben von vielen Schatten, dass ich sie fast nicht sehen kann, aber auch nicht fühlen. Ab und an klopft sie jedoch an und gibt mir zu verstehen: Hallo, ich bin noch da.

Liebe umgibt mein ganzes Wesen. Sie strahlt in alle Richtungen, die ich fühlen und sehen kann. Überall wo ich hingehe. Das ist das Einzige, was mir nicht verwehrt bleibt, dass ich sehen und fühlen kann.

Sogar Menschen, die ich normal nicht lieben kann, liebe ich.

Warum?

Weil sie umso mehr Liebe brauchen. Viele meiner Mitmenschen sagen: »Du spinnst.« Mir geht es aber gut dabei und das ist das Wichtigste.

Das Leben ist halt ein Auf und ein Ab.

Die Härte des Lebens

Auf unserer Welt Emotionen zu zeigen könnte der größte Fehler sein, den du machen kannst, weil du dadurch angreifbar wirst. Deshalb habe ich mir einen Schutzpanzer zugelegt, dadurch kommt nichts Negatives mehr an mich heran.

Und es kommt nichts aus mir hinaus. Fühlt sich gut an, aber auch einsam, denn es fehlt etwas Tiefsinniges. Aber diesen Preis muss ich auf mich nehmen, um nicht angreifbar zu sein.

Ich wurde oft in meinen Leben verletzt, sodass ich mir einen Schutzpanzer zulegen musste. Ich habe versucht Menschen zu vertrauen, um mich ihnen zu öffnen und wurde dabei leider hintergangen.

Ich habe aufgegeben zu schnell zu vertrauen.

Die volle Härte des Lebens

Hart, härter, am härtesten, so kenne ich das Leben. Für einen Menschen wie mich, der hochsensibel ist, ist dieses Leben der Untergang.

Wie kommen die anderen Menschen damit zurecht, dass, das Schicksal ständig mit voller Härte zuschlägt?

Kann es nicht sanfter zugehen?

Liegt es an meiner Einschätzung?

Bin ich im Leben zu oft verletzt und hintergangen worden, dass ich es nun in allem vermute?

Ich kann nicht annehmen, wenn jemand nett ist.

Da steckt doch dann etwas hinter dieser Nettigkeit, oder?

Ist jemand unhöflich zu mir, passt es mir auch nicht. Dann wünsche ich mir, dass die Person freundlicher ist.

Liegt das Ganze an mir oder ist die Welt echt so?

Leben ohne Gefühle?

Gerade durchlebe ich die Wut und die Trauer.

Da gibt es Tage, an denen ich meine, ich halte es nicht mehr aus. Doch halte ich durch, da ich weiß, es wird besser werden, Tag für Tag.

Diese beiden Gefühle sind wie ein Paket, also kommen sie Hand in Hand. Zuerst die Trauer, bei der ich das Weinen zurückhalte, und nur fühle. Kaum vergeht die Trauer kommt die Wut. In dem Moment könnte ich alles zusammenhauen. Doch die Wut wirklich zu fühlen ist befreiend, sehr befreiend. Immer wenn ich durch beide Emotionen durch bin, kommt das Glück, als hätte ich etwas losgelassen, so fühlt sich das an.

Das Leben im Sein.

Alles kommt zur richtigen Zeit.

Alles, was passiert, geschieht zu meinem Besten.

Dass ich nicht weiß, warum, das gehört zum großen Plan.

Ich soll lernen dem Leben zu vertrauen, mir zu vertrauen. Und vor allem soll ich lernen zu unterscheiden, wem ich vertrauen kann und wem nicht.

Ich weiß, es war viel Schlimmes passiert. Aber stelle mir vor, das ist passiert und das etwas zweihundert Mal Besseres geschehen kann.

Stell mir vor, alles, was geschieht hat einen Grund, und noch wichtiger, es dient zu meiner eigenen Entwicklung.

Gehört zu meinem Seelenplan, denn ich habe es mir so ausgesucht, noch bevor ich auf die Welt gekommen bin.

Wichtig ist: Lasse alles fließen, jedes aufkommende Gefühl, egal ob positiv oder negativ. Es sind Gefühle, die fließen, also leben möchten. Nicht mehr oder weniger.

In Wirklichkeit ist auch nichts gut oder schlecht, es ist einfach.

Negative Gefühle wollen mir zeigen, dass ich mich nicht auf dem richtigen Weg befinde. Mehr wollen sie nicht. Die positiven Gefühle zeigen mir hingegen, dass ich auf dem richtigen Weg bist. So sollte ich es sehen.

Stelle mir ein Leben ohne die Gefühle vor.

Wäre das wirklich lebenswert?

Ich glaube nicht, dann wäre ich emotionslos, wie eine Maschine.

Das Leben im Einklang mit der Natur

Ich sehne mich nach einem Leben im Einklang mit der Natur.

Nach dem Gefühl des puren Fühlens, was dann bedeutet, dass es mir an nichts fehlt. Ich mich nicht abkämpfen muss, um zu überleben.

Liebevolle Menschen um mich herum, die für einen da sind.

Alles ist Eins und nicht getrennt, wie es uns verkauft wird.

Tiere und Menschen leben im Frieden zusammen.

Traurig macht mich, zu sehen, wie die Welt ist.

Durch das Gefühl des Getrenntseins schaut fast jeder nur auf sich.

Die Menschen halten viel zu wenig zusammen, das verstehe ich nicht.

Wütend macht mich, dass immer noch das Gesetz des Stärkeren, des Mächtigeren gilt. Nicht die Stärkeren schauen auf die Schwächeren, nein, die Stärkeren zeigen eher noch den Schwächeren, wie schwach sie sind.

Wir könnten eine so schöne Welt haben, wenn einfach jeder auf jeden schauen würde und nicht jeder auf sich und auf das, welchen Profit er/sie herausholen könnte.

Alles ist verbunden mit allem

Mein Verstand weiß, dass alles mit allem verbunden ist.

Ich fühle jedoch, dass alles getrennt ist.

Sehne mich nach der Verbundenheit.

Weiß nur nicht wie ich das vom Verstand her zum Fühlen bringen kann.

Dabei ist das Problem, da uns von klein auf vermittelt wurde, dass alles getrennt ist. Also steckt genau das im Unterbewusstsein.

Lösen kannst du das mit Affirmationen.

Zum Beispiel

Ich fühle, wie alles verbunden ist.

Ich fühle, wie meine Wünsche mit mir verbunden sind.

Tessa und die Verbundenheit

Alles in meinen Leben fühlte sich lange getrennt an. Das kannte ich schon von meiner Kindheit her. Doch habe ich gelernt, dass alles miteinander verbunden ist. Dafür habe ich Beweise.

Zum Beispiel
Ich denke an eine Freundin und kurz darauf ruft sie mich an. Lange Zeit fehlte mir das Gefühl dazu, es zu spüren.

Eines Tages kam mir folgender Satz in den Sinn:
Ich fühle, wie alles miteinander verbunden ist.

Bewusst sprach ich diesen Satz zehn bis zwanzig Mal am Tag, da es sich stimmig anfühlte. Zwei Wochen lang passierte nichts. Es störte mich nicht, denn ich erwartete auch nichts. Dann fiel mir schlagartig auf, dass ich, wie aus dem Nichts, Menschen kennenlernte, wo von Anfang an die Chemie zwischen uns stimmte. Ohne zahlreiche Worte war eine Verbindung da, die ich zuvor noch nicht so kennengelernt habe.
Sogar Tiere kamen auf mich zu, wollten gestreichelt werden oder forderten mich zum Spielen auf.

Mir unbekannte Hunde und Katzen, ich habe sie zuvor nie gesehen.

Ich beobachtete, dass Wünsche schneller in Erfüllung gingen als zuvor in meinem Leben.

Mein Leben hat sich um einhundertachtzig Grad gedreht.

Unglaublich, jedoch wahr!

DEMUT

Demut gegenüber dem Leben

Ich bin demütig dem Leben gegenüber, denn ich weiß, dass oft gute und schlechte Dinge passieren. Häufig hat es mich schon aus dem Konzept geworfen, dass ich gemeint habe, jetzt geht es nicht mehr weiter.

Aber wisst ihr was?

Egal was vorfiel, es ist immer weiter gegangen, egal wie schlimm es war.

Oft verkopft man sich in ein Problem, Gefühle reißen einen hin und her, rauf und runter. Sobald losgelassen wird kommt die Lösung.

Ich habe aber auch sehr viel Schönes erlebt, das alles Negative wiedergutgemacht hat. Ich glaube, dass jeder Mensch auf sein Leben zurückschauen kann, wenn er es objektiv betrachtet. Sehen wir, dass sich alles in der Waage hält. Jeder Mensch hat gute und schlechte Erlebnisse. An schlechten Tagen sollte sich gesagt werden: Das wird schon wieder. Und die guten Tage sollten genossen werden.

Daher meine Demut, da ich weiß, wie das Leben läuft. Ab und zu macht es mich traurig, dass ich dies nicht schon früher erkannt habe, so hätte ich mir viel Ärger ersparen können.

Aber es ist jetzt, wie es ist, und es ist gut so.

Die liebe Demut

Die liebe Demut ist ein besonders gutes Gefühl, denn du gibst dadurch allem einen gewissen Wert. Zu große Demut macht einen selbst klein, sodass alles andere mehr wert hat als du selbst.

Genau das löst ein Gefühl der Traurigkeit aus.

DAS INNERE KIND

Lara und ihr inneres Kind

Lara war eine starke Frau, mit viel Selbstbewusstsein. Immer und überall hatte sie für jeden und alles eine Lösung. Wirkte auf alle Menschen glücklich.

Das Ganze schien nach außen hin, denn sie hatte etwas zu verbergen. Hinter ihrem Lächeln steckte ein Hauch Traurigkeit. Sie fühlte es, jedoch sagte und zeigte sie es niemandem. Denn ihr Leben war der Hammer, deshalb sollte sie wirklich glücklich schätzen.

Dazu kam, wenn sie jemandem davon erzählen würde, hätte sie auch das Warum erklären müssen und genau das konnte sie nicht.

Also lebte Lara damit. Ein Problem gab es aber, denn diese Traurigkeit meldete sich ständig zurück.

Sie wurde mit der Zeit intensiver und Lara verstand ganz und gar nicht warum das so war.

Bis sie eines Tages durch Zufall auf einen Bericht aufmerksam wurde, in dem es um das innere Kind ging. Dass in jedem von uns existiert und angenommen werden möchte.

In dem Moment kam Lara der Gedanken, dass die ständige Traurigkeit von ihrem inneren Kind stammen würde und dass dieses Kind angenommen werden wollte.

Sofort schaute sie auf YouTube und suchte nach einer Meditation, in der dieses Thema behandelt wurde. Nach nicht einmal fünf Minuten im Meditationsmodus sah und fühlte sie. Spürte die kleine Lara in einer Ecke sitzen und weinen. Wie in der Meditation beschrieben näherte sie sich ihr langsam und mit Vorsicht.

Sprach mit ihr. Sie brachte es so weit, dass sie, das innere Kind in den Arm nehmen und trösten durfte. Sofort kam in Lara ein Gefühl der Freude auf, wie sie, diese noch nie gefühlt hatte.

Das wahre Glück!

Sie spürte, wie das innere Kind immer glücklicher und zufriedener wurde.

Von da an machte sie diese Übung, sobald sie merkte, das Gefühl könnte von ihrem inneren Kind stammen.

Das kleine Mädchen in mir

Ich fühle in mir ein kleines Mädchen, das allein in einer Ecke sitzt und weint.

Bis jetzt wollte ich dort nie genau hinsehen, denn es ist einfacher dieses Mädchen dort zu lassen, wo es ist und dabei alles zu unterdrücken, was gefühlt wird, als genau hinzuschauen.

Ich habe eine große Angst, vor dem, was passieren könnte, wenn ich hinsehe.

Was passiert, wenn ich zu ihr hingehe?

Würde ich das überstehen?

Würde es mich in ein Loch reißen?

Müsste ich wirklich alles fühlen, was das innere Kind fühlt?

Leider kommen von Zeit zu Zeit des Kindes Gefühle zu mir. Hallo, ich bin auch noch da, ich möchte gesehen und gefühlt werden.

Die aufkommenden Gefühle drücke ich dann schnell weg, denn ich möchte sie nicht sehen und auch nicht fühlen. Ablenkung ist in dem Moment der einfachere Weg.

Doch ist es auch der bessere Weg?

Das innere, weinende Kind

Oft höre ich das innere Kind weinen, doch warum, weiß ich nicht genau. Mir rollen selbst die Tränen über die Wangen. So traurig und zerrissen ist mein inneres Kind. Es schreit wortlos und weint ohne einen wirklichen Grund.

Sobald ich dahin fühle und ich die Möglichkeit dazu habe, lasse ich es zu. Manchmal geht es nur ein paar Minuten, aber ab und zu fühlt es sich wie Stunden an, bis plötzlich alles aufhört. Das ist dann als käme die Sonne nach dem Regen wieder zum Vorschein.

Warm und fröhlich fühlt es sich dann an. Da höre ich auch in mir den kleinen Jungen wieder herzhaft lachen.

Woher kommt das bitte?

Was löst das aus?

Wie löse ich alles auf?

Dass ich keine Antworten auf die Fragen finde, deprimiert mich manchmal ziemlich, aber ich weiß ja, wie ich das innere Kind immer und immer wieder zum Lachen bringen kann.

Ich fühle mich unsichtbar

Seit unheimlich langer Zeit fühle ich mich unsichtbar. Als Kind machte mich das oft traurig, da ich viel mehr gesehen werden wollte. Ich wollte das Gefühl haben im Mittelpunkt zu stehen. Leider war das aber nie der Fall. Irgendwann akzeptierte ich die Unsichtbarkeit, nahm es hin, wie es war.

Heute stört es mich nicht mehr, wenn ich nicht gesehen werde, denn dadurch habe ich wenigstens meine Ruhe.

Ab und zu kommt das innere Kind zum Vorschein, das tot traurig ist, da es viel mehr gesehen werden möchte, was aber nie der Fall war und ist.

ZUKUNFT

Der Blick in die Zukunft

Dieser bereitet mir Freude und macht mir Angst zugleich.

Oft frage ich mich, wird alles gut gehen?

Oder was für Hindernisse werden mir in den Weg gelegt?

Wie oft muss ich hoffen, dass alles gut gehen wird?

Vor allem, wie viele Tiefen muss ich durchleben?

Wie oft muss ich mich noch vor der Zukunft fürchten?

Oder wird eine Zeit kommen, in der das ganz aufhört?

Bei all den Hindernissen in meinem Leben habe ich eines gelernt:

Jedes Hindernis ist für mich gedacht und dazu da mich weiterzuentwickeln. Obwohl das Wissen darüber, tief in mir verankert ist, kommen die negativen Gefühle der Angst.

Soll das alles so sein?

Wäre das Leben langweilig, wenn es diese Hürden nicht geben würde?

Am liebsten möchte ich die dazugehörigen Gefühle wegschicken. Kaum gedacht fällt mir ein, dass, wenn sie weg wären, es nicht mehr mein Leben wäre.

Ich wäre kein Mensch mehr, sondern mein Körper wäre eine leere Hülle ohne etwas.

Jedes Gefühl gehört einfach zu mir und es gehört gelebt.

Egal ob es ein positives oder ein negatives Gefühl ist.

Unsicherheit

Mache ich wohl alles richtig?

Bin ich zu langsam?

Was wenn ich einen Fehler mache?

Diese Gedanken quälen mich ständig. Oft habe ich Angst, dass ich einfach nicht gut genug bin, indem was ich mache.

Andere sind besser als ich, das bereitet mir erhebliche Angst. Was wenn es eines Tages lautet, dass ich nicht mehr gebraucht werde, weil es einen besseren Mitarbeiter gibt?

Was mache ich dann?

Finde ich überhaupt eine neue Anstellung?

Ich erledige meine Arbeit gewissenhaft, doch kommt es mir vor, als würde ich sie nicht gut genug machen.

Wie kann ich diese negativen Gedanken bitte ändern?

Kunden

Nicht wertvoll genug.

Ich weiß, dass ich den Menschen helfen kann.

Doch fühle ich oft, dass ich nicht wertvoll genug bin, ihnen wirklich helfen zu können.

Wie soll ich anderen helfen, wenn ich es bei mir selbst nicht schaffe?, ist oft meine Frage.

Was denken die Menschen von mir, wenn sie merken, dass ich selbst nicht alles auf die Reihe bekomme?

Wie kann ich jemandem bei etwas helfen, wenn ich mir selbst nicht helfen kann?

Bei meinen Mitmenschen bin ich objektiver.

Doch wenn mein Gegenüber spürt, dass ich bei mir selbst das Thema nicht gelöst habe, wie soll ich es dann ihm lösen können?

Diese Fragen stelle ich mir selbst oft.

Dann sage ich mir immer: Pass auf, was du kannst, das kannst du. Und was du nicht kannst, das lernst du.

Danach fühle ich mich direkt besser und gehe weiter meinen Weg.

In die Selbstständigkeit

Ich möchte in die Selbstständigkeit. Der Blick in die Zukunft ist voller Hoffnung, jedoch auch mit Angst verbunden.

Ich fühle Angst davor, nicht gut genug zu sein. Angst, dass die Anforderungen nicht zu schaffen sind. Angst davor, dass ich nicht wahrgenommen werde.

Warum sollten Leute meine Dienste in Anspruch nehmen?

Warum sollte jemand sein Geld an mich ausgeben?

In mir steckt eine besondere Sehnsucht Menschen zu helfen. Ein Gefühl sagt mir, dass ich etwas in mir trage, womit ich den Menschen helfen kann und sie damit ihn ihrem Leben weiterbringe.

Als würde in mir ein kleines Licht leuchten, das darauf wartet, groß zu werden. Doch die Angst verdunkelt diese Zukunftsgedanken.

Aber ich fühle dieses Licht …

DANKSAGUNG

Am allermeisten möchte ich mich bei meiner über alles geliebten Frau bedanken. Ohne sie hätte ich es nie geschafft, das erste Buch zu schreiben. Sie kann zwar nicht immer mit allem etwas anfangen, was ich mache, aber sie steht voll und ganz hinter mir.

Der Lektorin Sigrid Wohlgemuth möchte ich auch einen sehr großen Dank aussprechen, denn ohne sie würde dieses Buch sicher bis heute nicht existieren. Sie hat meine Texte so super zusammen gezaubert. Ab und zu sogar mehr an mich geglaubt als ich selbst, deshalb danke. Sollte jemand eine Lektorin für sein Werk benötigen, kann ich sie nur empfehlen.

VITA

Im Alter von einundzwanzig Jahren hat der Autor, Frank Holzer (Fränky) erkannt, dass sein schlimmster Fluch auch sein größter Segen sein kann. Durch Zufall erfuhr der Autor, dass er sich durch seine Hochsensibilität in andere Mitmenschen einfühlen kann. Dies schon immer unbewusst machte.

Nachdem er anfing seiner Gabe bewusst nachzugehen, erkannte er, dass er anderen Menschen damit helfen kann. Dadurch entstand die Facebook Seite »Emotionale Augen Analysen«. Auf der Seite bietet er seine Gefühlsreflexionen, genannt auch emotionale Augen Analyse an. Hilft damit der Person sich und andere Mitmenschen besser zu verstehen.

Seit Juli 2023 arbeitet er mit Margret Strellen zusammen. Bei Facebook unter: VergissDeinnicht. Margret Strellen löst seitdem, bei den Hilfesuchenden das emotionale Blocken auf, das der Autor zuvor mit seiner Augenanalyse ausfindig gemacht hat.

»Hochsensibel – Vom Fluch zum Segen« ist Frank Holzers erstes Buch. Er hofft damit, der Leserin, dem Leser helfen zu können, das eigene Einfühlvermögen, die Hochsensibilität und die Emotionen besser kennenzulernen und gut damit umgehen zu können. Der Autor schreibt an einem Roman, indem der Protagonist hochsensibel ist und versucht mit dieser Gabe in seinem Leben sinnvoll zu leben.

E-Mail: Augenanalyse@gmail.com

Facebook Seite

https://www.facebook.com/profile.php?id=100069903523297

Facebook Gruppen Seite

https://www.facebook.com/groups/931706358238678/?ref=share

DEINE NOTIZEN